生活の色彩学
快適な暮らしを求めて

橋本令子・石原久代　[編著]

井澤尚子・大森正子
滝沢真美・内藤章江
橋本雅好・花田美和子　[著]

朝倉書店

編著者

橋本 令子　椙山女学園大学名誉教授（1章，9章，10.3節）
石原 久代　椙山女学園大学生活科学部教授（4章，8章，10.2節）

執筆者（五十音順）

井澤 尚子　東京家政学院大学現代生活学部准教授（2章，5.1～5.2節，付表）
大森 正子　神戸女子大学家政学部准教授（3章，7.1～7.3節）
滝沢 真美　日本カラーデザイン研究所（6.6節，7.4節，10.1節）
内藤 章江　お茶の水女子大学グローバルリーダーシップ研究所特任リサーチフェロー（5.3～5.4節）
橋本 雅好　椙山女学園大学生活科学部准教授（10.4節）
花田美和子　神戸松蔭女子学院大学人間科学部教授（6.1～6.5節）

まえがき

　多くの人が"色彩"と聞くと興味・関心を持つが，これはどうしてであろうか。それは，現代社会において色彩が日常生活の中で大きな存在となっているからである。その理由は，色彩が心理学，生理学，物理学，化学，芸術，産業など広範囲な分野から融合された多角的な領域から成り立っているため，私たちの生活の中において，色が与える影響は計り知れないものとなっているからである。

　本書の前身となる『生活の色彩学』は1990年に第1版，『新版 生活の色彩学』として2001年に第2版を刊行した。そして，このたびタイトルを『生活の色彩学―快適な暮らしを求めて―』とし，内容を刷新，新しいテキストとして刊行するに至った。

　第1版発行当時，色彩学の書籍は工学の専門書として執筆されたものが多く，タイトルに「生活」を冠して衣・食・住を取り入れ解説した色彩の本はほとんどなく，時代に先んじた書籍であった。2000年初頭に改訂された第2版は，歳月の流れに応じ，いろいろ改めるべき点を再構成して刊行した。それから20年近くの歳月が経過した。その間に色彩検定やカラーコーディネーター検定試験も一般社会に定着し，かつてでは考えられないほど色彩を学ぶ人たちが増えてきた。色彩に携わっている者にとっては，喜ばしいことである。

　本書の編著にあたり，これまでは色彩の本としながら図等にカラーがついていない状態であったが，このたび全体にカラーを取り入れ内容をよりわかりやすくした。構成と内容は，第1章では生活と色との関わり，第2章では電磁波である光と色について，第3章では目の構造と高齢者，色弱者に配慮するカラーユニバーサルデザインについて述べた。第4章では混色の原理から色を定量的に測る方法について，第5章では色を表すための各種表色系について記し，第6章ではコーディネートを行う際に必要となる調和論と基本的な配色方法について示した。第7章では色の心理的な働きについて知覚，感情，嗜好面から取り上げた。第8章は色付けに使う染料や顔料について，第9章では歴史の流れにみる色と文化や流行色について述べた。第10章では，筆者らが行った衣・食・住の実用的価値のある研究を紹介し，巻末に慣用色名を付表として載せた。このように，基礎的知識から応用へと日常生活において色が活用できるよう心がけた。

　本書は，家政学，生活科学，デザイン学を学ぶ人の教科書として使用していただくよう執筆者全員がその気持ちを持って執筆したが，色彩に興味のある一般の人にもわかりやすく解説を加えてあるので，各方面でお役に立つことを願ってやまない。

　最後に，本書の出版にあたり，多大なご尽力と協力をいただいた朝倉書店編集部の方々に心より感謝申し上げます。

2019年4月

編著者一同

目　次

1. 生活と色　〔橋本令子〕── 2
　1.1　生活の中の色彩 ── 2
　1.2　色の様相 ── 3
　　1.2.1　光の進み方からみた色の分類 ── 3
　　1.2.2　色の現象学的様相による分類 ── 3
　1.3　よい色彩とは ── 4

2. 光と色　〔井澤尚子〕── 6
　2.1　光の性質と色 ── 6
　2.2　光　源 ── 9
　2.3　照　明 ── 10

3. 色の生理　〔大森正子〕── 14
　3.1　目の構造と視覚 ── 14
　3.2　色覚学説 ── 16
　3.3　加齢による色覚の変化 ── 18
　3.4　色覚異常とカラーユニバーサルデザイン ── 19
　　3.4.1　色覚異常 ── 19
　　3.4.2　カラーユニバーサルデザイン ── 20

4. 色の測定　〔石原久代〕── 22
　4.1　分光視感効率 ── 22
　4.2　色の三原色と混合 ── 23
　　4.2.1　加法混色 ── 23
　　4.2.2　減法混色 ── 23
　4.3　測色用標準イルミナント ── 24
　4.4　色の測定方法 ── 25
　　4.4.1　視感測定法 ── 25
　　4.4.2　分光測色方法 ── 26
　　4.4.3　刺激値直読方法 ── 28

5. 色の表示 ── 30
　5.1　色の三属性と色立体　〔井澤尚子〕── 30
　5.2　色名による色の表示 ── 31
　5.3　三属性による色の表示　〔内藤章江〕── 35
　　5.3.1　マンセル表色系 ── 36
　　5.3.2　日本色研配色体系（PCCS）── 37
　　5.3.3　オストワルト表色系 ── 39

  5.3.4 NCS 表色系 ……………………………………………………………… 40
  5.3.5 パントンカラー …………………………………………………………… 41
 5.4 三刺激値による色の表示 …………………………………………………………… 42
  5.4.1 XYZ 表色系 …………………………………………………………… 42
  5.4.2 L*u*v* 表色系（CIE 1976（L*,u*,v*）色空間）………………… 44
  5.4.3 L*a*b* 表色系（CIE 1976（L*,a*,b*）色空間）………………… 45

6. 色の調和と配色技法 ─────────────────────────── 48
 6.1 日本色研配色体系の色彩調和論 ………………………〔花田美和子〕…… 48
  6.1.1 色相と色彩調和 ………………………………………………………… 48
  6.1.2 トーンと色彩調和 ……………………………………………………… 49
 6.2 ムーン-スペンサーの色彩調和論 ………………………………………………… 49
  6.2.1 配色の調和と不調和 …………………………………………………… 49
  6.2.2 配色の美度 ……………………………………………………………… 50
 6.3 オストワルトの色彩調和論 ………………………………………………………… 50
  6.3.1 色相における調和 ……………………………………………………… 50
  6.3.2 等色相三角形における調和 …………………………………………… 50
 6.4 ルードの色彩調和論 ………………………………………………………………… 51
 6.5 ジャッドの色彩調和論 ……………………………………………………………… 52
  6.5.1 秩序の原理 ……………………………………………………………… 52
  6.5.2 親近性の原理 …………………………………………………………… 52
  6.5.3 類似性の原理 …………………………………………………………… 53
  6.5.4 明白性の原理 …………………………………………………………… 53
 6.6 配色技法 ………………………………………………〔滝沢真美〕…… 53
  6.6.1 代表的な配色手法の用語 ……………………………………………… 54
  6.6.2 HUE & TONE システム …………………………………………… 54
  6.6.3 基本となる6つの配色テクニック …………………………………… 55
  6.6.4 配色センスアップのポイント ………………………………………… 57
  6.6.5 カラーイメージスケール ……………………………………………… 60

7. 色の心理的効果 ─────────────────────────── 62
 7.1 色の働き ………………………………………………〔大森正子〕…… 62
 7.2 色の視覚効果 ………………………………………………………………………… 64
  7.2.1 同時対比 ………………………………………………………………… 64
  7.2.2 継時対比 ………………………………………………………………… 65
  7.2.3 同化現象 ………………………………………………………………… 65
  7.2.4 順　応 …………………………………………………………………… 66
  7.2.5 明るさと色の恒常性 …………………………………………………… 68
  7.2.6 ベゾルト-ブリュッケ現象 …………………………………………… 68
  7.2.7 主観色 …………………………………………………………………… 69
 7.3 色の感情効果 ………………………………………………………………………… 69
 7.4 色の好み ………………………………………………〔滝沢真美〕…… 71
  7.4.1 日本人の嗜好色 ………………………………………………………… 72

  7.4.2 アジア4か国の嗜好色の比較 ································· 73
  7.4.3 嗜好色調査の方法 ··· 74

8. 色材の基礎 〔石原久代〕── 76
 8.1 染　料 ··· 76
  8.1.1 天然染料 ··· 76
  8.1.2 合成染料 ··· 77
 8.2 顔　料 ··· 78
  8.2.1 無機顔料 ··· 78
  8.2.2 有機顔料 ··· 78
 8.3 印刷インキ ··· 79
 8.4 塗　料 ··· 79
 8.5 プラスチック着色剤 ··· 80
 8.6 食品用着色剤 ··· 80

9. 色と文化 〔橋本令子〕── 82
 9.1 色の連想・色の象徴性 ··· 82
 9.2 日本の色彩文化 ··· 83
 9.3 海外の色彩文化 ··· 85
 9.4 流行色 ··· 87
  9.4.1 流行色の発生要因 ··· 87
  9.4.2 流行色の採用過程 ··· 87
  9.4.3 流行色の予測 ··· 87
  9.4.4 流行色の流れ ··· 88

10. 生活における色彩計画 ── 90
 10.1 色彩計画の手法 〔滝沢真美〕····· 90
  10.1.1 生活の中の色 ·· 90
  10.1.2 衣食住の色彩計画で重視すべきポイント ············ 91
 10.2 ファッションの色彩 〔石原久代〕····· 93
  10.2.1 ファッションにおける色彩調和 ·························· 93
  10.2.2 服装色における視覚効果 ···································· 95
  10.2.3 配色イメージのテキスタイルへの応用 ·············· 96
  10.2.4 ファッションの流行色 ·· 96
  10.2.5 着用者の肌の色と服装色 ···································· 97
 10.3 食の色彩 〔橋本令子〕····· 99
  10.3.1 食べ物と色 ·· 99
  10.3.2 食器と色 ·· 100
  10.3.3 食卓と色 ·· 101
  10.3.4 照明の影響 ·· 101
 10.4 住まいの色彩 〔橋本雅好〕····· 102
  10.4.1 住まいを彩る素材と色彩 ·································· 102
  10.4.2 住まいの色彩計画の流れ ·································· 103

10.4.3　住まいの各室の色彩計画 …………………………………………… 107
10.4.4　住まいのエクステリアの色彩計画 ……………………………………… 108

付表　JISによる慣用色名 ………………………………………〔井澤尚子〕…… 111

索　引 ……………………………………………………………………………… 119

1 生活と色

　私たちの毎日の生活にエネルギーを注ぎ，安らぎや潤いを与えてくれる外界情報は，五感を通して獲得する。なかでも視覚から得られる色彩情報は最も重要な情報の1つで，目にするすべてのものに色を感じとることができる。しかし色彩は，呼吸をするために必要な空気のような存在で，私たちは日頃から色について意識して考えることはほとんどないといってよいだろう。そこで，色彩が生活にどのように関わっているか考えてみたい。

1.1　生活の中の色彩

　人間は，色彩溢れる環境の中で生活をしている。日本には四季があり，春には木々の新緑，秋には赤や黄に染まる紅葉が人々の目を楽しませてくれる。山や海に出かけ，うっすらと明けた東の空から登る太陽をみると誰もが歓声を上げる。夕空を眺めて明日の天気を気づかう。また，湿潤の気候も影響し，高い湿度が遠方にある山河を蒼くかすむ景色として見せてくれる。

図1.1　秋の紅葉

　街を歩けば様々な世代の人がカラフルな色の衣服に身を包み，ショッピングを楽しんでいる。もちろん，車の色も広告物も建造物も色とりどりで，交通信号機の色が変われば人は一斉に止まり，歩きだし，同じ行動をとっている。

　居住空間に目を向けると，インテリアから家電の色，本や雑誌，クローゼットにかかっている衣服，カーテンやベッドの色まで多様であり，その人の色の好みを感じとることもできる。また，テレビやパソコンからは，色彩豊かな画面が光を放ち生活を楽しませてくれる。

図1.2　日の出

　家庭で使用するタオルや歯ブラシは，形や大きさ，質感が違えば誰のものか区別できるが，同じであればブラシや布地の色で見分ける。スーパーに買い物に行けば，外箱の色を見て自分が食べたいカレーの箱を手にする。また，魚や肉，野菜や果物を見ると新鮮であるか，食べごろはいつかを色によって見きわめる。顔色が優れないといって病気を心配する。

　このように色彩は，どれほど私たちの生活を豊かに楽しく快適にしてくれるか，そして刺激を与えてくれているか，言葉では言い表せない事実であり，色を無視して日常生活は成り立たないと言っても過言ではない。

1.2 色の様相

色には様々な種類がある。それは光の進み方の違い，色の現象的様相の違いにより分類・整理することができる。

1.2.1 光の進み方からみた色の分類

a. 光源色

光源から出る光の色で，太陽は自然光の色であり，照明，ネオンサイン，コンピュータなどの輝いた光は，人工光の色である。これら光源色は，光源自体が持つ色であるため他の色の影響は受けない。

b. 物体色

物の色のことで，物体からの反射光の色は表面色と呼ばれ，日常生活のほとんどの色に該当する。ステンドグラスやフィルムは透過色である。物体色は光源色と違い他の影響を受けやすく，光源の色が変化すれば色は変化して見える。また，周囲からの色による反射の影響も受けるので，いつも見え方が同じであるとは限らない。

c. 開口色

光がどこから来ているかわからない，小さな穴を通して見える色で，知覚を伴わない色である。物体の色も小穴から覗くと材質感，硬さがなくなり，美しい色に見える。

1.2.2 色の現象学的様相による分類

一言に青といっても色票の青，空の青，布の青とでは，色の様相は相当に異なる。この対象の性質と関連した色の見え方を，心理学者であるカッツ（D. Katz）は，色がどのように現れるかを現象学的観察（偏見のない態度で，観察すること）により分類した。これを「色の現れ方のモード」と呼び，次のような種類を挙げている。

a. 面色

青空のように距離感はわからず焦点も定まらず，空間中の大きな面に見える。その色の面は柔らかく厚み感はなく，色だけが見える状態である。面色は，先に述べた開口色に相当する（図1.3）。

b. 表面色

不透明な物体の表面にあるがままに見られる最も日常的な色で，その色までの距離感もはっきりし，色の表面は硬さや質感や陰影が存在する（図1.4）。

c. 空間色

澄んだ湖の深みを見たときにみられるように，色が空間内に広がり充ちている状態をいう。透明なコップに色水が入った状態の見え方もこれと同じで，奥行きや厚みが感じられ，容積色とも呼ばれる（図1.5）。

以上の3つが重要な色の現れ方であるが，他に透明面色，鏡映色，光沢，光輝，灼熱がある。これらは客観的測定や表示が難しい

図1.3 面色

図1.4 表面色

図1.5 空間色

ので，本文では取り上げることはしないが，画家たちには光沢感のある布などを描かねばならないこともある。この色の質感等を，物体色である色材でどう表現するかは大変難しいことであるが，画家たちはそれ以上の効果を上げている。

1.3 よい色彩とは

色彩は様々なことを訴えてくるため，一言にどの色がよい，どの色が悪いとはいえない。そこで，どのような特徴を備えた色がよいかを整理すると次のようになる。

①**色は快さを演出する**。自然の風景や植物の色，動物の色，鉱物の色など身のまわりの色は，素直に美しい，快適と感じる色である。人の心の奥底には，万人に共通した「快適な色」の基準が存在する。

②**色はイメージを表現する**。色から連想するものもあれば，色から印象を感じとることもある。鮮やかな色を配すればコントラストのある派手なイメージとなり，ソフトな色を使用すればやさしいイメージとなる。藍のように種々の色に染めることができる色は，濃淡によりイメージが異なってくる。

③**色で見やすさを調整する**。日常生活では見やすいか，目立ちやすいか，注意を引くかといった目的によって使い分けが必要である。道路標識，作業現場，空港などに使用される安全色彩表示は，色が視覚言語の役割を果たし，注意喚起をしている。

④**色は象徴する**。国旗の色はその国を象徴するものであり，コーポレートカラーや企業などのシンボルマークもこの役割を担う。2015年から色彩の商標登録が行われるようになったが，これは色が持つ象徴の役割に着目した例といえる。

⑤**色で識別する**。スポーツ選手のユニフォームの色は，敵・味方の所属を明確にするためにチームごとに分けられている。鉄道路線の案内図も，誰にも識別できるよう作成されている。

⑥**色で統一する**。識別するとは逆で，集団などのまとまりを示す。同じチームのメンバーが統一されたユニフォームを着用することによって，連帯感と帰属意識が生まれる。

以上のことを念頭において，今後どのように色彩と関わっていくかを考えることは大切である。自然の中で生活してきた日本人にとって，よい色とは，自然の中にある色，着色ではあるが長い歴史を持つ色，技術の中で加工して作られた形と材質により表現される色であった。しかし，生活様式や生活意識の変化によって，人工の色が増加し生活環境は多彩なものとなった。1990年代には"騒色"という言葉に象徴されるように，バスやコンビニエンスストアの色などが無秩序に使用され，色彩公害として取り上げられた。その後，景観法が施行され，生活に与える色彩の影響が人々に広く知られるところとなり，現在に至っている。

一方，今日のようなストレス社会の中で人を癒す働きを持つカラーセラピーという分野もあり，生活の中に情緒を安定させる色をうまく取り入れ活用していく工夫も行われている。今後，ますます情報化され，ハイテクの色で覆われていく日常生活の中にあって，誰の目から見ても生活に適したよい色を選択することが，今の時代に求められる。

引用・参考文献

1) 日本色彩学会編：カラーインライフ，朝倉書店，2006
2) 大山正：色彩心理学入門―ニュートンとゲーテの流れを追って，中公新書，1994
3) 千々岩英彰：色彩学概説，東京大学出版会，2001
4) 全国服飾教育者連合会監修：色彩検定公式テキスト3級編，A・F・T企画，2005
5) 近江源太郎："よい色"の科学―なぜその色に決めたか，日本規格協会，2009

2 光と色

　私たちは，太陽が昇り，沈むというリズムに合わせて行動し生活している。日常生活では，身近な景色や私たちを取り巻く身のまわりの様々な色の変化に気づくことだろう。私たちの視覚活動は，光が眼に入り，網膜の視細胞によって生じた神経刺激が大脳に伝達されて認識されるといわれている。すなわち，光がなければ色を感じることはできない。太陽は，私たちにとって最大の光源といえる。
　また，光という語は次に示すいろいろな意味に用いられている。視感覚に関係のない物理量である放射を意味する場合，色知覚を生起させる心理量を意味する場合，光の物理的概念と心理的概念を対応させた心理物理量を意味する場合などである。

2.1 光の性質と色

a. 光の波長と色名

　現代の物理学では，光は粒子としての性格と電磁波としての性格を合わせ持つ存在とされている。電磁波とは放射エネルギーの一種で，光以外の電磁波は直接見ることができないためわかりにくいが，ラジオやテレビの電波，赤外線，紫外線，X線なども含まれる。その差異は波長が異なることである。波長とは図2.1に示すように，波動が伝わるときのその振動の山から山，または谷から谷までの長さが一定であることに注目したもので，光の波長はnm（ナノメートル）という単位で表される。光は，人間の眼に入り様々な色を感じさせるが，その波長範囲は380～780 nmであり，この範囲を可視光線と呼ぶ（図2.2，図2.3）。可視光線の波長範囲は可視範囲とも呼ばれ，この範囲のうち，色の見えに対する影響が少ない両端を省略した400～700 nmを，短波長（約400～500 nm），中波長（約500～600 nm），長波長（約600～700 nm）の3つに分けるこ

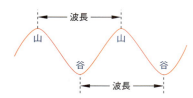

図2.1　波の波長の定義（東京商工会議所編，2007より作成）

ナノメートル
　光の波長を表すときに用いる長さの単位。1ナノメートルは 10^{-9} メートル（十億分の1メートル）のことで，nmで表す。

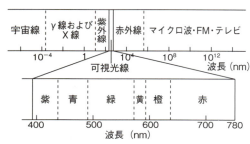

図2.2　放射エネルギーのスペクトル（加藤ほか，2001より作成）

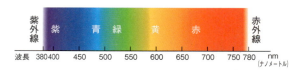

図2.3　可視光線の波長と色（東京商工会議所編，2007より作成）

とがある。太陽光（白色光）を分光器（プリズム）に通すと，波長によって屈折率が異なることから単一の波長の光（単色光）に分けることができる。このように光を波長ごとに分けることを分光といい，分光された光の帯をスペクトルという。太陽光では長波長側から赤，橙，黄，緑，青，青紫，紫の順に配列される。スペクトル光の波長と色名との関係には観察条件などの相違による個人差があるが，表 2.1 のようである。また，光の波長全体で各波長の成分をグラフなどで表したものを分光分布という。

表 2.1 色名と波長
（加藤ほか，2001 より作成）

色名	波長 (nm)
red	700
reddish-orange	620
orange	598
yellowish-orange	589
yellow	577
greenish-yellow	566
green	512
blue-green	495
blue	472
purplish-blue	439
purple	380

b. 物体の色の見え方

様々な波長の成分を含んだ光が物体に当たり，その物体がどの波長をどれくらい吸収し，どれくらい反射あるいは透過したかによって，その物体の色は決定される。白く見える物体は，太陽光が当たると可視光線のほぼすべての波長域を反射するので白く見える。黒く見える物体は，太陽光が当たると可視光線の多くの波長域を吸収するので黒く見える。そして太陽光がリンゴに当たると，青や緑の光は吸収され，長波長の赤い光が多く反射されて眼に届く結果，リンゴは赤いと感じる（図 2.4）。

物体は大きく分けると，光を反射する特性を持った反射物体と，光を透過する特性を持った透過物体の 2 つに分類することができる。反射物体および透過物体の色は，波長別に入射光（照明した光）に対する反射光（戻ってきた光），または透過光（反対側に抜けた光）の割合で表すことができる。前者を分光反射率，後者を分光透過率といい，それぞれグラフに表したものを分光反射率曲線（図 2.5），分光透過率曲線という。そのグラフからどのような色かを判断することができる。

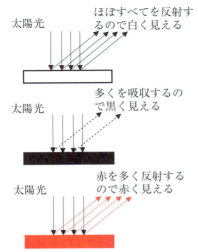

図 2.4 光の反射・吸収と物体の色（A・F・T 公式テキスト編集委員会編，2009）

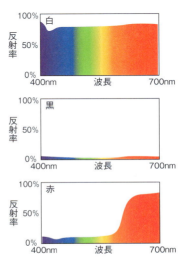

図 2.5 白，黒，赤の分光反射率曲線（A・F・T 公式テキスト編集委員会編，2009）

測光量	記号	単位	図
光束	F	lm	
光度	I	cd	
照度	E	lx	
輝度	L	nt	

A：面積（m²）

図 2.6 各測光量の定義図（東京商工会議所編，2012）

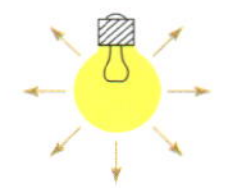

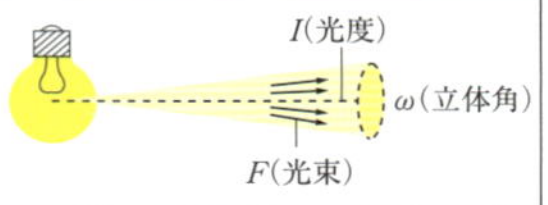

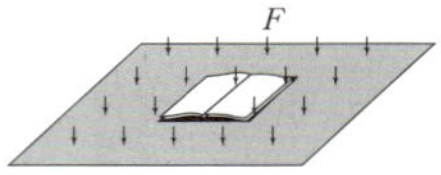

図 2.7 各測光量の関係

表 2.2 各測光量に対応する放射量（東京商工会議所編，2012）

測光量	放射量
光束（lm）	放射束（W）
光度（cd）	放射強度（W/sr）
輝度（nt）	放射輝度（W/sr/m²）
照度（lx）	放射照度（W/m²）

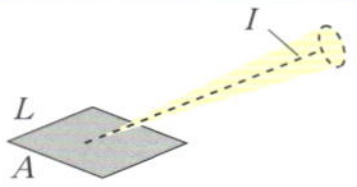

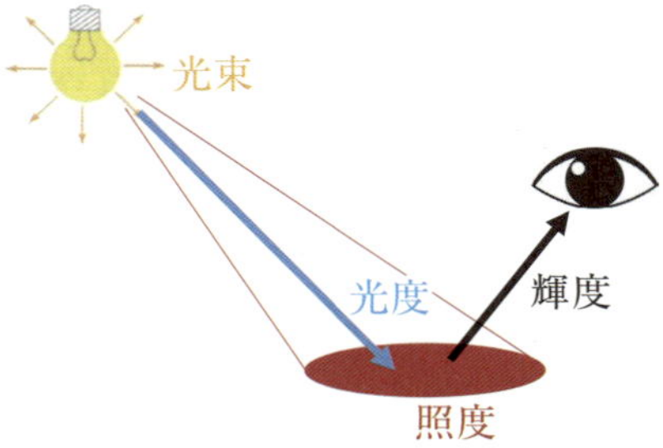

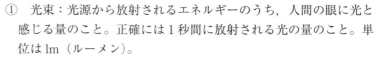

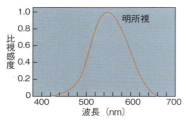

図 2.8 CIE 標準分光視感効率（比視感度曲線）

立体角
錐体の頂点から見た広がりを表す量のこと。錐体の頂点を中心とする半径1の球の球面を切り取ったときの面積で表し，単位に sr（ステラジアン）を用いる。

点光源
発光部の大きさが受光部までの距離に比べて小さく，点とみなせる光源。

c. 光の単位

1) 放射エネルギーと放射束　放射エネルギーは電磁波あるいは粒子の形によって放出または伝搬されるエネルギーで，単位は J（ジュール）である。

放射束は単位時間当たりに放出，伝搬または入射するエネルギーであり，単位は W（ワット）で，ともに物理量である。

2) 測光量　国際照明用語集では，「明るさ」とは「あるひとつの領域から出ている光が多く見えるか，少なく見えるかという視感覚を表そうとするもの」と定義されている。つまり「明るさ」とは，人間が知覚する心理量である。この心理量を定量的に取り扱うために，心理量を物理量により間接的に測定した量を心理物理量という。つまり，心理量である「明るさ」に対応した心理物理量が，光束，光度，輝度，照度などの測光量である（図 2.6，図 2.7）。放射エネルギーという物理量から光束などの測光量を導くためには，国際照明委員会 CIE（Commission Internationale de l' Eclairage）で決められた分光視感効率 $V(\lambda)$ が用いられる（表 2.2，図 2.8）。測光量とは，色によって異なる明るさの応答特性の違いを補正し，放射量という物理量を用いて測定される心理物理量である。

① 光束：光源から放射されるエネルギーのうち，人間の眼に光と感じる量のこと。正確には 1 秒間に放射される光の量のこと。単位は lm（ルーメン）。

② 光度：ある方向への単位立体角当たりの光束（光の量）を指し，各方向への光の強さを表す。単位は cd（カンデラ）。

③ 輝度：単位面積，単位立体角当たりに含まれる光束のこと。光源面からある方向への光度を，その方向への光源の見かけ上の面積で割った値。同じ光度である場合は，点光源に近いほど輝度が高くなる。単位は nt（ニト）（nt＝cd/m²）。

④ 照度：光を受け取る面の単位面積当たりに入射する光束のこ

と。光源によって照らされている面の明るさの程度を表す。単位は lx（ルクス）。

2.2 光　源

a. 色温度と相関色温度

日常使われる一般照明用の光源で，白熱電球，蛍光ランプなどはいずれも白い光を放つ。しかし，同じ白色光であっても赤みを帯びた白から青みを帯びた白まで，照明用光源の白色には幅がある。光源色は光源から直接目に入って知覚される色であり通常色刺激値で表すが，照明では色度での完全放射体軌跡（黒体放射軌跡）上の一致度を用いて，色温度（単位は K：ケルビン，4 章参照）で表す。しかし，色温度で表せる色光の色は完全放射体軌跡上のものだけであるが，その軌跡上で発光するランプは白熱電球の一部であり，蛍光ランプや HID ランプ（High Intensity Discharge Lamps：高輝度放電ランプ）そして LED（Light Emitting Diode：発光ダイオード）のうち，完全放射体軌跡上の色を発光することのできる光源は少ない。そこで，完全放射体軌跡に直交する直線の等温度線にそって温度を読み取り，色温度とする。このような色温度を相関色温度と呼ぶ。以下の色温度は相関色温度のことである（図 2.9）。

電球や蛍光ランプなどの市販のランプは，多くが色温度を使って光色を表している。図 2.10 に示すように，色温度が高くなるほど光色は青白く，低くなるほど光色は赤みを帯びてくる。室内の雰囲気は光源の色温度によって大きく変化する。色温度が高いと光色が青白いので，室内の雰囲気は一般的にクールな印象となり，逆に色温度が低いと光色は黄みを帯びた赤みがかった色となるので，室内の雰囲気は一般的に暖かく，落ち着いた印象となる。

b. 光源の種類

一般に使用している照明用の光源には，白熱電球とハロゲンランプ，蛍光ランプ，HID ランプなどがある。また，LED も新しい光源として普及している。白熱電球は加熱したタングステンフィラメントの温度によって性質の定まる熱放射である。蛍光ランプは熱陰極低圧水銀ランプの一種で，放電により発生する水銀スペクトルの紫外線により，ガラス管内面に塗布されている蛍光体を励起して発光させたものである。蛍光体の種類を変えることにより光の色の異なる蛍光ランプを作ることができ，その種類は多い。わが国では，JIS（日本産業規格 Z 9112：2012）によって電球色（L：

完全放射体

黒体ともいい，外部から入射するすべての電磁波を吸収すると考えられる理論上の物体。

ある温度において最も熱放射の高い完全放射体と同じ色度をもつ光源は，その完全放射体の温度（絶対温度）で表され，これを色温度という。単位は K（ケルビン）で表す。色温度が低いほど赤みを帯び，高いほど青白くなる。

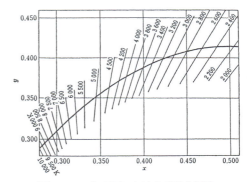

図 2.9　xy 色度図における相関色温度
（加藤ほか，2001）

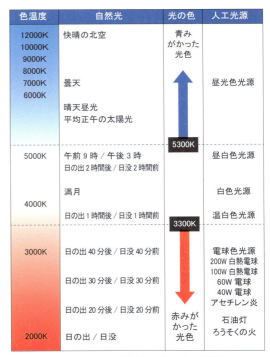

図 2.10　人工光源と自然光との関係
（東京商工会議所編，2012）

2600〜3250 K），温白色（WW：3250〜3800 K），白色（W：3800〜4500 K），昼白色（N：4600〜5500 K），昼光色（D：5700〜7100 K）の5種類に分けている。HID ランプにはメタルハライドランプ，高圧ナトリウムランプ，水銀ランプ，蛍光水銀ランプなどがある。これらの光源の分光分布の一例を図2.11 に示す。

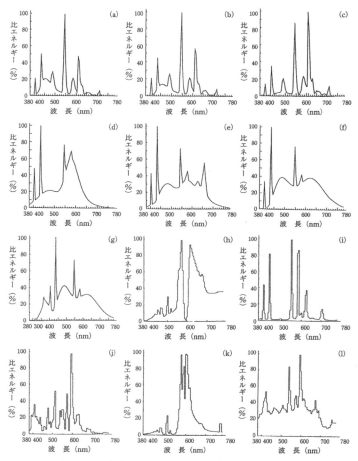

図 2.11　各種ランプの分光分布（加藤ほか，2001）
(a) 3波長域発生形昼光色（EX-D），(b) 3波長域発光形昼白色（EX-N），(c) 3波長域発光形電球色（EX-L），(d) 白色（W），(e) 演色 AA 形昼光色（N-SDL），(f) 演色 AAA 形昼白色（N-EDL），(g) 演色 AAA 形昼光色（D-EDL-D_{65}），(h) 高演色形高圧ナトリウムランプ，(i) 蛍光高圧水銀ランプ，(j) メタルハライドランプ，(k) 高圧ナトリウムランプ，(l) 高演色形メタルハライドランプ．

2.3　照明

a. 照明の量と質

　照明とは光を人の生活，活動に役立たせることを目的として光を応用することである。良好な視作業性と視環境の快適性の向上という目標も同時に満たさなければならない。また，照明光そのものにも色があり，色と照明は密接に関係している。色の見え方はランプの種類などによっても大きな影響を受ける。照明光の性質を知るこ

とは，色を活用するためにも必要なことである。一般的な場面における照明の要件として，照明の明るさ（照度）と演色性がある。

1) 作業の種類と照度　明るさ（照度）とものの見やすさ（視力）には関係があり，明るいほど，ものをはっきりと見ることができる。照明する対象やそこで行われる作業の種類や程度などによって必要な照度は異なってくる。その目安として日本建築学会環境基準 AIJES-L 0002-2016 の「照明環境の設計基準－住居（一部抜粋）」を表2.3に示す。これをみると，必要な照度はそれぞれの条件で異なるが，色の持つ調子や色，柄を鮮明に見分けるには 500 lx 以上，色の少ない差異を見分けるには，1000 lx 以上が必要である。また，住宅の照明を考えると，部屋の機能，使用目的によって推奨照度は異なる。

2) 演色性と演色評価数　同じ物体でも照明が変わると異なった色に見えることがある。このような照明光または光源による物体の色の見え方を演色性という。対象光源の色の見えが基準光源下での色の見えにいかに忠実かを表す指標として，演色評価数が広く用

表 2.3　照明環境の設計基準－住居（一部抜粋）（東京商工会議所編，2012）

作業・活動 または用途	対応する室 または空間の例	ターゲット面	E_t	R_a	推奨照度
個人空間での生活	書斎，子供室	床面	100	80	勉強・読書（机上面）：750 lx PC作業（キーボード面）：500 lx 遊び・ゲーム（机上面）：200 lx
住宅での応接	応接間，座敷	床面	100	80	テーブル・座卓（卓上面）：200 lx 床の間・飾り棚（鉛直面）：150 lx
住宅での調理	台所	床面	100	80	調理台（台上面）：300 lx 流し台（台上面）：300 lx
家事	家事室，作業室	床面	100	80	手芸・裁縫台（台上面）：1000 lx 工作台（台上面）：500 lx PC作業（キーボード面）：500 lx 洗面台（台上面）：300 lx
住宅での洗面，同化粧，同脱衣	洗面所，脱衣室	床面	100	80	ひげそり・化粧：300 lx 洗濯台（台上面）：200 lx
住宅での入浴	浴室	床面	100	80	
住宅での出入	住戸玄関（内側）	床面	100	80	姿見（顔面）：300 lx 靴脱ぎ（床面）：200 lx 飾り棚（鉛直面）：150 lx
住宅での昇降歩行	階段	床面	75	80	深夜（床面）：2 lx
住宅での用便	便所	床面	75	80	
家族空間での生活	居間	床面	50	80	手芸・裁縫（卓上面）：1000 lx 軽読書（卓上面）：500 lx 団らん・娯楽（卓上面）：200 lx
住宅での食事	食堂	床面	50	80	食卓（卓上面）：300 lx
住宅での水平歩行	廊下	床面	50	80	深夜（床面）：2 lx
就寝	寝室	床面	20	80	軽読書（卓上面）：500 lx 化粧・着替（顔面）：300 lx 深夜（床面）：2 lx

E_t：ターゲット面の照度（lx）　　R_a：平均演色評価数

表2.4 演色評価数の計算に用いられる試験色

	R_i	近似的マンセル記号 (色相 明度/彩度)	昼光下の色の見かけ
No.1	R_1	7.5R 6/4	Light grayish red
No.2	R_2	5Y 6/4	Dark grayish yellow
No.3	R_3	5GY 6/8	Strong yellow green
No.4	R_4	2.5G 6/6	Moderate yellowish green
No.5	R_5	10BG 6/4	Light bluish green
No.6	R_6	5PB 6/8	Light blue
No.7	R_7	2.5P 6/8	Light violet
No.8	R_8	10P 6/8	Light reddish purple
No.9	R_9	4.5R 4/13	Strong red
No.10	R_{10}	5Y 8/10	Strong yellow
No.11	R_{11}	4.5G 5/8	Strong green
No.12	R_{12}	3PB 3/11	Strong blue
No.13	R_{13}	5YR 8/4	Light yellowish pink (human complexion)
No.14	R_{14}	5GY 4/4	Moderate olive green (leaf green)
No.15	R_{15}	1YR 6/4	日本人の肌色 (JIS のみでの規格)

いられている。演色評価数を求める対象光源を「試料光源」，基準光源を「基準の光」と呼んでいる。演色評価を行う際の15種類の試験色を表2.4に示す。No.1～8は，8色相の灰みの色票（マンセル明度/彩度で6/4～6/8），No.9～12は，赤，黄，緑，青の純色，No.13は肌，No.14は木の葉の色，No.15は，日本人女性の肌色の分光反射率（分光反射輝度率）で定義した。これを基準の光と試料光源とで照明したときの演色のずれから試料光源演色性を表示する数値を求める方法である。

これら試験色 i ($i=1\sim15$) に対して計算される演色評価数 R_i は下式により計算される。

$$R_i = 100 - 4.6\,\Delta E_i$$

これら15種類の試験色に対して計算される演色評価数 R_i のうち，平均演色評価数 R_a の計算には，$R_1\sim R_8$ が用いられる。さらに，日本人の肌色の見えを評価したいのであれば R_{15} の特殊演色評価数で というように，$R_9\sim R_{15}$ は目的に応じて使用され，平均演色評価数の計算には用いられない。

白熱ランプと代表的な蛍光ランプの演色評価数を表2.5に示す。自然光と同じ熱放射のメカニズムによって完全放射体軌跡（黒体放射軌跡）上の光色で発光する白熱ランプの特殊演色評価数はすべて100となる。

一般に，自然光下での物体の色の見え方に近いほど演色性が高い。これに対して，自然光下の見え方からかけ離れて見えるほど演色性が低い。

高演色性の照明は，色の見え方を重視する美術館などで用いられ

表2.5 白熱ランプと蛍光ランプの演色評価数（東京商工会議所編，2012）

ランプの種類	平均演色評価数 R_a	特殊演色評価数 ($R_9\sim R_{15}$)						
		R_9 (赤)	R_{10} (緑)	R_{11} (青)	R_{12} (赤)	R_{13} (肌色・西洋人)	R_{14} (木の葉)	R_{15} (肌色・日本人)
白熱ランプ	100	100	100	100	100	100	100	100
三波長形蛍光ランプ (3000 K)	84	−1	59	79	60	94	70	94
三波長形蛍光ランプ (5000 K)	84	25	40	66	52	93	68	96
三波長形蛍光ランプ (6700 K)	84	28	52	72	64	94	75	95
白色蛍光ランプ (4200 K)	61	−105	36	40	43	56	94	41
昼白色蛍光ランプ (5000 K)	70	−69	50	58	64	66	94	54
演色 AAA ランプ (2700 K)	95	96	91	95	91	97	93	98
演色 AAA ランプ (5000 K)	99	98	98	98	94	98	97	99
演色 AA ランプ (4500 K)	90	88	76	91	80	94	89	92
演色 AA ランプ (5000 K)	89	92	76	92	80	94	89	92
食肉展示用蛍光ランプ (3700 K)	75	70	35	82	71	75	78	78
低誘虫性蛍光ランプ (2750 K)	86	79	67	70	68	79	92	87

る。

b. 照明の快適性

CIEでは光源色を，色温度5000 K以上を「涼しい」，3300〜5000 Kを中間，3300 K以下を「暖かい」としている。図2.12に照度と色温度の組み合わせによる快適曲線を示す。たとえば，100〜300 lxでは黄色がかった色の白熱電球2800 Kが快適であり，500 lx以上の高照度では光源の色は白ないし青白みの涼しい色の蛍光ランプ4000 K以上にすると快適といえる。つまり，快適性をみると人工照明の場合は，色温度の高い光源ほど高い照度で用い，反対に色温度の低い光源は低い照度で用いるのに適していることがわかる。また，色温度が高くなるにつれて快適とされる照度の範囲は広くなると考えられている。

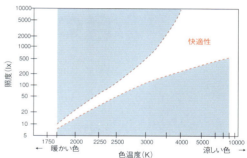

図2.12 照度と色温度の組み合わせによる快適曲線

一般的に用いられる照明器具の名称を図2.13に示す。

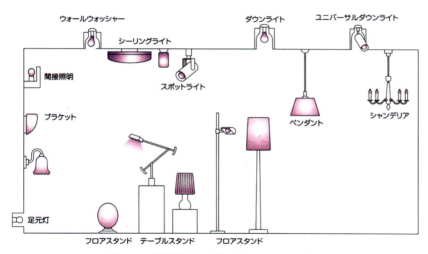

図2.13 照明器具の名称（和田ほか，2009）

ペンダント
コードやチェーンで天井から吊り下げる照明器具。シャンデリアのような全体照明用と，ダイニングテーブルの上に吊るすような部分照明用がある。

シーリングライト
天井に取り付ける照明器具。部屋全体を照らす照明として使われている。天井がすっきりするので，部屋が広く感じるなどのメリットがある。

ダウンライト
天井に埋め込んで取り付ける小型の照明器具。天井に埋め込んで設置するため天井面がフラットになるという特徴がある。補助的な照明として使われることが多い。

スタンド
必要に応じて移動できる置き型の照明器具。部屋のアクセントになるフロアスタンド，常夜灯や読書灯として利用するテーブルスタンドなどがある。

引用・参考文献

1) 東京商工会議所編：カラーコーディネーター検定試験3級公式テキスト（第3版），東京商工会議所，2007
2) 加藤雪枝，石原久代，中川早苗，橋本令子，寺田純子，雨宮勇，高木節子，大野庸子：新版生活の色彩学，朝倉書店，2001
3) A・F・T公式テキスト編集委員会編：色彩検定公式テキスト3級編，A・F・T企画，2009
4) 東京商工会議所編：カラーコーディネーター検定試験2級公式テキスト（第3版），東京商工会議所，2012
5) 和田浩一，富樫優子，小川ゆかり：110のキーワードで学ぶ 世界で一番やさしいインテリア，エクスナレッジ，2009

3 色の生理

　外界から届いた光は眼球に到達する。この可視光を受容することによって起こる感覚が視覚である。これら外界からの情報は網膜から大脳皮質視覚野に至る視覚系で行われている。そこでは物体の形態や色彩，大きさ，明暗，遠近感，動きなどを認識している。この章では，私たちの眼がどのように外界をとらえ網膜から大脳皮質視覚野に情報処理を行い，視覚世界を作り上げているかを述べていく。

3.1 目の構造と視覚

a. 眼球の構造

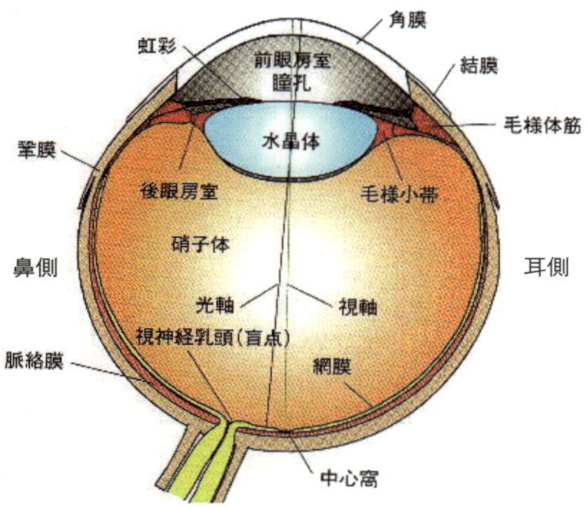

　図 3.1 に示すように，眼球は直径約 24 mm のほぼ球形で，光は，角膜→眼房水→水晶体→硝子体と進み網膜に到達する。眼球の最外層にあるのが強膜で，厚さ約 1 mm の硬い保護膜である。この膜のうち外から見られる部分が白目といわれる部分である。強膜の前方に眼球の 1/6 を覆う無色透明な角膜があり，内側には脈絡膜がある。これは血管と色素に富み，網膜の視細胞層の栄養を司るとともに，強膜を通過してくる光を吸収して遮る役割がある。脈絡膜の前端部には毛様体があり，毛様体の内側から毛様体小体が伸びて水晶体被膜につながる。毛様体の中には毛様体筋と呼ばれる 2 種類の平滑筋があり，遠近調節に働いている（図 3.2）。

　また，毛様体からは虹彩が伸びている。光は虹彩の中央部分の瞳孔から入る。瞳孔の大きさは，瞳孔径を変化（直径 2～8 mm の範囲）させて入射光を調節するため，明るくなれば瞳孔は小さくなり（縮瞳），暗くなれば瞳孔は大きくなる（散瞳）。こうして，網膜に達する光の量が調節される。眼球に入った光は，網膜の前層を貫いた後に視細胞に達する。その中央部は網膜が薄く，やや凹んでいるので中心窩と呼ばれる。ここは網膜で最も視力の良い部分である。

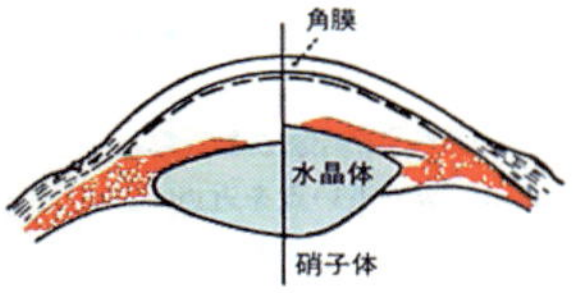

図 3.1 眼球の構造（右眼球の水平断面）
（日本色彩研究所編，2001 を改変）

図 3.2 遠近調節
眼から物体までの距離が遠くても近くても，常に網膜上に鮮明な像が結ばれる作用。近くを見るとき水晶体の厚さが増加する。

b. 視細胞

　網膜は厚さ 0.2 mm の薄い膜で，外顆粒層に視細胞の細胞体（錐状体・桿状体）が，内顆粒層には双曲細胞，水平細胞，アマクリン細胞の細胞体がある（図 3.3）。この視細胞の機能上の違いは光に関する感受性にあり，錐状体は光感受性が低く，明所視に働き，明るさや色相，鮮やかの感覚に関与し，桿状体は光感受性が高く，暗

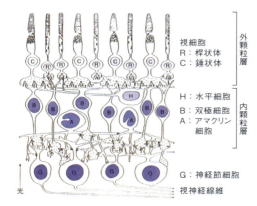

図 3.3 網膜の構成（東京商工会議所編，2012 を改変）

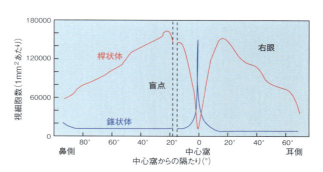

図 3.4 網膜上の錐状体と桿状体の分布
（Osterberg, 1935 から作成）

所視（物体の輪郭がおぼろげにわかるくらい）で明暗の感覚だけに関与する。また，両視細胞は網膜内での分布にも大きな違いがあり（図 3.4），中心窩の中央部分には錐状体だけが存在し，10°付近までに密集しており，これを黄斑という。これに対して桿状体は中心窩の周辺に広く分布し，特に 20°付近に分布のピークがあることがわかる。しかし，視神経乳頭には錐状体も桿状体も分布しておらず，盲点という。

錐状体はその形態によって 3 種類（S・M・L 錐状体）に分類される。桿状体の視物質はロドプシンが，錐状体にはイオドプシンが存在し，S 錐状体は青視物質（$S_B(\lambda)$：419 nm），M 錐状体は緑視物質（$S_G(\lambda)$：531 nm），L 錐状体は赤視物質（$S_R(\lambda)$：559 nm）であり，それぞれ図 3.5 のような吸収極大波長を持っている。目に入った光の波長成分に応じて，各視物質を介して各錐状体が興奮する。

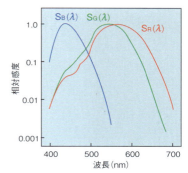

図 3.5 3 種の視細胞の分光感度曲線

c. 視覚の生理構造

網膜上には，赤-緑型，黄-青型の 2 種類の色感受性神経節細胞があり，一部の神経節細胞は中心-周辺型の反応を示す。錐状体から入力を受ける他の型の神経節細胞は，波長特異的に反応するのではなく，中心-周辺部の相対的な明るさの差に反応する。これらの細胞は白黒検出器として働く。

図 3.6 に示すように，両眼から脳に向かった視神経は，視交叉を形成し，網膜の中心より内側（鼻側）にある神経節細胞からの軸索を交差して反対側の外側膝状体に達する。網膜の中心より外側（耳側）にある神経節細胞からの軸索は交叉せずに同側の外側膝状体に達する。つまり，中心を凝視したときに左右眼それぞれが見ることができる領域を単眼視域とし，左視野は 1〜8 まで，右視野は 3〜0 まで見える。そして，両眼視野に重複している 3〜8 までの領域を双眼視域という。左右の眼の左側に結合した情報は左脳に，右側に結合した情報は右脳に伝えられ，外側膝状体から視放線を形成し，大脳皮質後頭葉にある視覚野に達する。脳内に伝達された信号は，

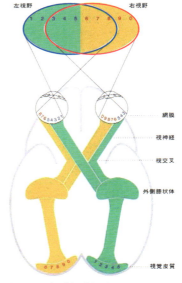

図 3.6 視覚伝達経路
（日本色彩研究所編，2001）

視覚野で色やその他の情報として処理される。

3.2 色覚学説

色覚とは，可視光の波長の違いを色の違いとして認識することであり，ヒトで起こる感覚現象である。しかし，刺激となる光の波長に依存してはいるが，単純にスペクトルに分解して生じる感覚ではない。たとえば，「赤紫」はスペクトルには存在しない。このため，色がどのように見えるかについては，古くから多くの議論があった。ここでは，現代の色覚説の原型となっている19世紀から20世紀初めのころの代表的な色覚学説について紹介する。

a. ヤング–ヘルムホルツの三色説

ヤング（Thomas Young）が1801年に初めて三色説を発表した。これは，ヒトの眼には，光の全てのスペクトルに対応する無数の受容器が存在するのではなく，3主要色（赤・緑・青）に対応する感受線維が視覚神経にあると仮定する考えである。ヘルムホルツ（Hermann L. F. von Helmholtz）はヤングの考えを発展させ，図3.7に示す興奮特性を有した3種の神経線維（第1の線維：赤，第2の線維：緑，第3の線維：青）を仮定した。第1の線維だけが興奮したら赤，第1と第2の線維が興奮すれば黄を感じるといった混色理論で色覚を説明している。

たとえば，オレンジ色についてみると，長波長L（赤）に対する刺激と中波長M（緑）に対する刺激が混合され，そのうち長波長に対する刺激がやや強いためオレンジ色に見える。また，これら長波長L（赤），中波長M（緑），短波長S（青）に対応する刺激が同時に強く刺激された場合には白を感じ，ほとんど刺激されない場合には黒に見える。このように色覚を感じる受容器が3種であることを前提としたことから「三色説」と呼ばれ，この2人の説により「ヤング–ヘルムホルツ説」という。

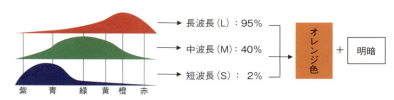

図3.7 ヘルムホルツ説で仮定されている光に対する受容器の感度
（加藤ほか，2001を改変）

b. ヘリングの反対色説

ヘリング（Ewald Hering）は，色の知覚を重視し色覚を説明している。前述したように，ヘルムホルツは，赤と緑の混色で黄が生じることから，黄を原色とは考えなかったのに対して，ヘリングは，黄の感覚の中に赤や緑を認めないことから，黄は赤・緑・青と

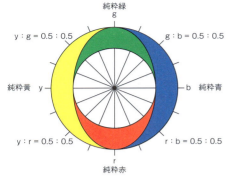
図 3.8 ヘリングの色相環
（東京商工会議所編，2011 より作成）

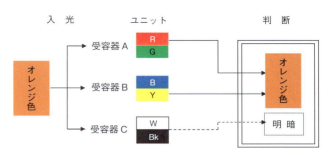
図 3.9 ヘリングの異化・同化による光の波長と色の感覚反応
（加藤ほか，2001 を改変）

同様に原色であると考えた。このようなヒトが純粋だと感じる，いわゆるユニーク色は，青，緑，黄，赤の 4 色であるとし，図 3.8 に示すヘリングの色相環を考えた。この 4 色に白と黒も同様と考え，6 つの基本的な「感覚」を原色とし，それらは 2 つずつ組になって働き，網膜中には「赤-緑」，「青-黄」，「白-黒」の 3 種の物質が存在すると仮定した。先と同じオレンジ色では，受容器 A は赤（R）-緑（G），受容器 B は青（B）-黄（Y），受容器 C を白（W）-黒（Bk）とした場合，受容器 A からは赤の信号が，B からは黄の信号が出され，それが脳で混色されてオレンジ色に見える。明るいオレンジ色の場合は受容器 C からその色の明度に応じた強さの信号が出されるとし，ヘリングは白と黒は同時に存在しないとしている。しかし，私たちは灰色の知覚において白と黒を同時に感じることができることから，完全なモデルとはいいがたい（図 3.9）。

c. 段階説

生理学的研究が進み，目の網膜の錐状体には 3 種類の錐状体視細胞の存在が明らかとなった。また，Daw（1968）と Gouras（1968）は，神経節細胞が赤-緑，青-黄の原色の対に特異的に反応することを見つけた。つまり，ヘルムホルツ説とヘリング説ともに生理学的根拠があることがわかってきた。これは，赤，緑，青の 3 種類の錐状体に光が入力し，R・G の反応から R/G ユニットへいくとともに，Y が計算され，B との反応から Y/B ユニットへと伝達される。また，R と G の錐状体は V（明るさ）ユニットへも入力され，これら 3 ユニットにより色が知覚される（図 3.10）。つまり，視神経及び脳内において段階的に分かれており，その両者の信号が脳に伝達されるという「段階説」である。

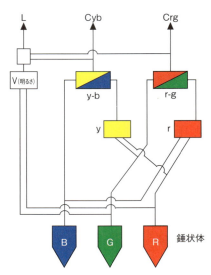

図 3.10 光の色と錐状体視細胞から赤-緑型，黄-青型の色覚モデル（東京商工会議所編，2011）

3.3 加齢による色覚の変化

　生理的にも，高齢者では視覚機能が低下するが，老化に伴う疾患によっても視力障害が生ずる。ここでは，加齢による視覚機能の変化についてのいくつかの例を紹介し，加齢による色覚の変化について述べる。

　視覚機能の低下に強く影響する要素は，視力，焦点，調節機能，空間周波数特性，水晶体混濁である。眼は毛様体筋と毛様体小帯の動きによって水晶体の曲率を変化させ，焦点調節運動が行われることにより，網膜上に鮮明な像が結ばれる。水晶体は加齢に伴い弾力が失われ硬くなり，膨らまなくなる。そのため，近くのものがはっきり見えなくなる。このような調節力の低下と水晶体のタンパク質の加齢硬化による視力の低下が老視である。また，この透明なはずの水晶体が混濁してくると，光が眼底に届く前に散乱されてしまい，網膜に像を結ぶ働きが弱くなり，かすんで見えるようになる。このような，水晶体が混濁した状態を白内障といい，加齢に伴う老人性白内障は 45 歳前後から発症しはじめる。

　これは，水晶体の黄変と白濁により，さまざまな光の波長の透過率が低下するためである（図 3.11）。特に，短波長側の光（青系）に対する透過率の低下が生じる。これにより，高齢者は色の弁別能力が低下する。色の見え方では，100 Hue テスト（100 色相配列検査器：日本色彩研究所製 ND-100）におけるエラースコアと年齢の結果では，20 歳をピークにその後，加齢とともにエラースコアが高くなり，特に，高齢者は赤紫と青緑領域のエラースコアが高いことが知られている（図 3.12）。

　以上より，加齢に伴う視覚機能の低下と色の見え方や色の弁別能力といった色覚特性の関係を理解することは，日常生活におけるカ

空間周波数特性
　明暗を交互に繰り返す縞模様パターンを空間周波数といい，空間周波数の単位は視角 1°あたりの縞の本数（c/d：cycles/degree）で表される。低空間周波数は縞の幅が広くなり，高空間周波数は縞の幅が細くなる。照度の低下や加齢によって高空間周波数帯域の感度が低下する。

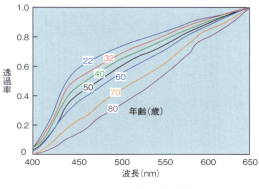
図 3.11　水晶体の分光透過率

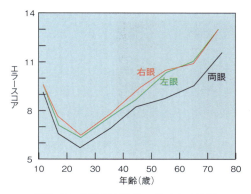
図 3.12　年齢別 100 Hue テストの結果

ラーユニバーサルデザインを実現するうえで重要である。

3.4　色覚異常とカラーユニバーサルデザイン

先天的な色覚異常は X 染色体の色覚遺伝子の特性により起こるため，女性の 10 人に 1 人は色弱の遺伝子を持っており（保因者），子どもが色弱になることがある。日本では男性 5%（20 人に 1 人），女性 0.2%（500 人に 1 人）を占め，日本全体では 320 万人以上いるとされている。その他，正常色覚であっても，前述に記したように加齢による色覚変化や，病気やけがによる視力低下や視野欠損など，色の見え方はさまざまである。このような視覚特性の多様性を理解し，誰に対しても正しい情報が伝わるように，色の使い方などに配慮することを「カラーユニバーサルデザイン」という。

3.4.1　色覚異常

先天色覚異常とは，網膜に存在する S・M・L の 3 種の錐状体細胞のうちどれか 1 つ以上の欠損や機能異常があることをいう。これにより，色の識別特性が正常色覚者とは異なり，見分けにくい色が生じる。表 3.1 に錐状体細胞のタイプと色覚の特性を示す。問題となる錐状体の種類によって 1 型色覚（L-錐状体の異常），2 型色覚

表 3.1　色覚特性タイプ

眼科用語分類		CUDO による分類		錐状体	杆状体
3色覚・正常色覚		正常色覚	C 型（Common type）	●●●	■
1型色覚	1型2色覚	色弱者	P 型（Protanopia）強度	×●●	■
	1型3色覚		弱度	▲●●	■
2型色覚	2型2色覚		D 型（Deuteranopia）強度	●×●	■
	2型3色覚		弱度	●▲●	■
3型色覚	3型2色覚		T 型（Trianopia）	●●×	■
	3型3色覚				
1色型色覚			A 型（Achromatopsia）	×××	■
				●●● いずれか1つのみ	■

● L錐体
● M錐体
● S錐体

CUDO：NPO 法人カラーユニバーサルデザイン機構

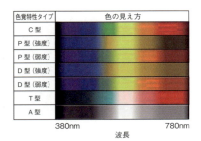

図 3.13 色覚タイプ別の色の見え方
（東京商工会議所，2012 より改変）

（M-錐状体の異常），3 型色覚（S-錐状体の異常）があり 5 タイプに分けることができる。図 3.13 に色覚タイプ別の色の見え方を示す。

1) **C 型（Common type）**　3 種類の錐状体が正常に機能している状態を一般型と呼ぶ。日本では男性の 95％，女性の 99.5％以上を占める。3 種類の錐状体細胞の反応から色を判断するため，紫から赤までのスペクトルを精度よく識別する。近年，L 錐状体と M 錐状体において多型性が発見されており，これが色感覚の個人差の要因であり，正常色覚と呼ばれている人の中にも多様性が存在することがわかってきた。

2) **P 型（Portanopia）**　L 錐状体の異常により起こる色覚特性が 1 型色覚である。L 錐状体と M 錐状体は X 染色体に隣接して存在する。このうち L 錐状体の遺伝子を持たない人が 1 型 2 色覚（P 型強度），L 錐状体と M 錐状体の遺伝子の中間のものに置き換わっている人が 1 型 3 色覚（P 型弱度）である。男性では X 染色体が 1 本しかないため発現頻度が高く，日本では 1.5％程度が存在する。赤い光を感じる視細胞がないため赤を暗く感じ，赤と黒の区別がしにくい。また，L 錐状体と M 錐状体の反応の差を色の判断に使えないので，赤みの差がわかりにくいため，オレンジに近い赤ほど明るく，見やすくなる。

3) **D 型（Deuteranopia）**　M 錐状体の異常により起こる色覚特性が 2 型色覚である。M 錐状体の遺伝子がない人が 2 型 2 色覚（D 型強度），L 錐状体と M 錐状体の遺伝子の中間のものに置き換わっている人が 2 型 3 色覚（D 型弱度）である。日本人男性の 3.5％程度存在する。1 型色覚（P 型）と異なり，赤を暗く感じることはないが，緑の光を感じる視細胞が働かないもしくは弱いため，赤みの差がわかりにくい。

4) **T 型（Trianopia）**　3 型色覚は S 錐状体の遺伝子を持たない人で，10 万人に 1 人以下の割合である。原因となる遺伝子は X 染色体とは別の染色体にあるため，頻度に男女差はなく，強度や弱度の差もない。短波長の光に感度が高い S 錐状体の異常により起こる。その割合は 1 型，2 型に比較してきわめて少ない。黄と青紫，青と緑，青と黒の区別がつきにくい。

5) **A 型（Achromatopsia）**　1 色型は，錐状体を 1 種類しか持たない，錐状体がなく桿状体しか持たないため，色の明暗は感じられるが，色合いの違いが判別できない。また，桿状体は L 錐状体や M 錐状体よりも短い波長での感度が高いため，赤を暗く，青を明るく感じるなど明暗の感じ方が一般と異なる。

3.4.2　カラーユニバーサルデザイン

　日本では 2004 年にカラーユニバーサルデザイン機構（CUDO：NPO 法人カラーユニバーサルデザイン機構）が設立され，現在では色覚についての研究，発表，啓発，調査などを行っている。カ

ラーユニバーサルデザインを実現するためには，①できるだけ多くの人に見分けやすい配色を選ぶ，②色を見分けにくい人にも情報が伝わるようにする，③色の名前を用いたコミュニケーションを可能にすることである．配慮することを以下に示す．

- 細い線や小さい面積は色の差がわかりにくいため，太く，大きな図形にする．
- 近接した図形は区別できるが，数cm以上離れると区別が難しくなるため，凡例は使わず図中に書き込んだり，形による区別，○，×，△などを利用する．
- 色文字を使用する場合は，背景色と図色との明度差をつける．
- 書体，大きさ，囲み枠などをつけて変化をつける．
- 色名を添えるなどの配慮をする．
- 色の選択をする場合，赤は黄に近い橙に，緑は青か青緑にする．
- 特に赤い点は見づらいため，レーザーポインターなどスクリーン上で速く動くものは緑の点で大きくゆっくり指し示す．

こうした点を配慮し，公共施設，駅・空港，道路，学校，新聞・雑誌・教科書・参考書・マニュアル，地図，発券機・ATM，電子機器，OA機器，家電製品，薬，文具，ホームページなどにおいて改善されてきている．たとえば，病院，役所など高齢者や目に疾患を持つ人が利用する公共施設では案内表示や電子掲示板，手続き用紙の配色，学校では，授業に用いるチョーク，マーカーペンの色，教科書，教材の選択などで導入されている．検証作業により条件を満たして認められた場合は，CUDOの認証マークが認められている．

特定非営利活動法人カラーユニバーサルデザイン機構（略称「CUDO」）が定めた，カラーユニバーサルデザイン（略称「CUD」）を象徴するマーク．このマークは，色覚の個人差を問わず，できるだけ多くの人に見やすく配慮して作られている．

CUD認定以前の家庭科の教科書

配慮：背景を白にし，
　　　明度差を付ける
　　　囲み枠を付ける

CUD認定後の家庭科の教科書
（「家庭」開隆堂，H28.2.5発行）

参考文献

1) 泰羅雅登，中村克樹監修，翻訳：第4版 カールソン神経科学テキスト−脳と行動，pp.180-181，丸善出版，2013
2) 東京商工会議所編：カラーコーディネーター検定試験3級公式テキスト（第4版），pp.111-112，中央経済社，2011
3) 東京商工会議所編：カラーコーディネーター検定試験2級公式テキスト（第3版），pp.80-101，東京商工会議所，2012
4) 本郷利憲，廣重力，豊田順一監修：標準生理学 第6版，pp.296-297，医学書院，2005
5) 日本色彩研究所編：色彩科学入門，日本色研事業，2001
6) 大山正：色彩心理学入門，pp.53-55，中央公論新社，1994
7) 松田隆夫：視知覚，pp.214-219，培風館，1995
8) 大山正，齋藤美穂編：色彩学入門−色と感性の心理，pp.128-136，東京大学出版会，2009
9) 色彩検定協会監修：色彩検定® 公式テキストUC級，グラフィック社，2018
10) 加藤雪枝，石原久代，中川早苗，橋本令子，寺田純子，雨宮勇，高木節子，大野庸子：新版 生活の色彩学，朝倉書店，2001

4 色の測定

　色の知覚は，人によって異なるばかりでなく照明環境によっても異なることは3章で説明されている。しかし，製品の色彩計画，管理の場においては，個々の色を曖昧に表現するのではなく，客観的な基準による共通の認識が必要となる。色を客観的に管理するためには，数値で管理する場合が多く，それらは色を測定することによって得られる。ここでは，どのような方法があるかについて，測定方法と特徴を挙げる。

4.1 分光視感効率

　人間が色として感じる電磁波は波長約 380〜780 nm の光である。測光量はこの電磁波（放射量）という物理量が眼に入って生ずる感覚量である。等しいエネルギーの光でも波長が異なれば眼に対してまったく異なった反応を起こすものであり，測光量は眼の判断に基づいた尺度であるといえる。

　放射エネルギーの一定な光を眼にあてても波長によって明るさの感覚は一様ではない。これを視感度といい，視感度には個人差・年齢差がある。そこで国際照明委員会（CIE）では，1924年に図4.1 に示すように測光標準観測者の錐状体が十分機能した明所視の状態（数 cd/m^2 以上の輝度レベルに順応したときの正常眼の視覚）の最高視感度を 1.0 とした標準分光視感効率（比視感度）を定めている。この図から，明所視においては約 555 nm の黄緑色の光を最も明るく感じ，これを中心にして長波長側，短波長側ともに減少していく。これを視感効率曲線と呼び，放射エネルギーという物理量から光束などの測光量を導くための仲介役を果たしている。

　一方，暗いところでは主として桿状体が機能する。CIE では 1951 年に桿状体だけが作用する暗所視（100分の数 cd/m^2 以上の輝度レベルに順応したときの正常眼の視覚）の視感効率を採用しており，図 4.1 に示すように，桿状体の感度が最大となるのは波長約 507 nm の青緑であり，明所視にくらべ短波長側の感度が高く，長波長側の感度が低くなっている。

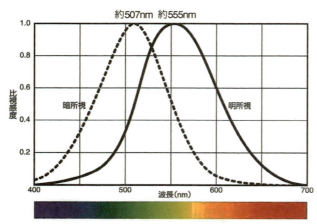

図 4.1　錐状体と桿状体の視感効率曲線

4.2 色の三原色と混合

　色を混ぜ合わせて新しい色をつくることを混色といい，混色しても得られない色を原色という。混色には色光による加法混色と，色料による減法混色がある。加法混色も減法混色も原色は3色あり，これを三原色という。

　また，カラーテレビのように普通に見ているかぎりでは識別できないが，画面を拡大して見ると，赤・緑・青の小さな点または線によって画像ができているというように，同位置では混色しないが，肉眼で見分けられない程度に入り混じった状態で混色をされる場合を並置混色と呼んでいる。

　さらに，色円盤の回転による混色のように色光を同時に目に入射させないで，見分けられない速さで色光を交互に眼に入射させる混色を継時混色と呼ぶ。並置混色や継時混色は混色後の色が中間の明るさになるため，中間混色と呼ぶこともある。

4.2.1　加法混色

　色光は，混色する色が多くなると明るくなり，どのような色光でも照射するほど明るくなる。すなわち色光の混色エネルギーの足し算が成立するため加法混色（additive mixture）といわれる。

　図4.2に示すように赤，緑，青紫（一般には青とすることもある）が色光の三原色である。この三原色のうち赤と緑の2色を混ぜ合わせると黄に，緑と青紫の2色を混ぜ合わせると青緑となり，青紫と赤を混ぜ合わせると赤紫になる。また，赤，緑，青紫の3色の色光を混ぜ合わせると白光となる。さらに，物理補色となる赤と青緑，緑と赤紫，青紫と黄の2色が混色されても白光になる。

図4.2　加法混色

図4.3　減法混色

4.2.2　減法混色

　異なる色の色ガラスを重ねた場合，重ねることにより重ねる前の色ガラスより暗く，違った色になる。カラーフィルターの重ね合わせやカラー写真などに用いる色料の場合，混色することにより明るさが暗くなる。すなわち色料の混色はエネルギーの引き算が成立するため減法混色（subtractive mixture）といわれる。

　図4.3に示すように青緑（シアン，cyan），赤紫（マゼンタ，

magenta），黄（イエロー，yellow）が色料の三原色である。この色料を2色ずつ混ぜ合わせると赤，緑，青紫ができ，3色を混ぜ合わせると黒に近い灰色になる。

4.3　測色用標準イルミナント

同じ視対象でも照明光が異なるごとに異なった色に知覚され，その度にいくつもの表示が得られるのでは，色彩管理や色彩計画のためには非常に不便である。そこで，CIE では相対分光分布によって色の表示を目的とした測色用の光として，標準イルミナント A と D_{65} の2種類を定め，そのほかに補助標準イルミナント D_{50}，D_{55}，D_{75} および C の4種を規定している。

① 標準イルミナント A：分布温度が約 2856 K の黒体が発する光で，これに近い相関色温度の白熱電球を代表する。
② 標準イルミナント D_{65}：色温度が約 6504 K に近似する CIE 昼光の可視波長域・紫外波長域の特性を代表する。
③ 補助標準イルミナント D_{50}，D_{55}，D_{75}：いずれも CIE 昼光であり，色温度が D_{50} は約 5003 K，D_{55} は約 5503 K，D_{75} は約 7504 K に近似する昼光で照明される物体色を表示する場合に用いる。
④ 補助標準イルミナント C：色温度が約 6774 K に近似する平均的な昼光の可視波長域の特性を代表する。以前は標準イルミナントとして使われていたが，標準イルミナント D_{65} と紫外放射の相対分光分布に違いがあるため，紫外放射で励起されて蛍光を発する物体色の表示には用いることができないなどの理由により標準イルミナントからはずされた。

標準イルミナント A，D_{65} の相対分光放射強度を図 4.4 に示したが，多くの色の測定には，標準イルミナント D_{65} が用いられる。

また，JIS（日本産業規格）でも測色用の標準イルミナントについて JIS Z 8720 で上記の標準イルミナントを実現する人工光源として標準光源を規定している。

標準イルミナント A を実現する標準光源 A は相関色温度が約 2856 K に点灯したガス入りタングステンコイル電球である。しかし標準イルミナント D_{65} については相対分光分布だけが定められており，標準イルミナント A のように標準光源と対応する人工光源の仕様がまだ確立されていない。したがって，現段階では標準光源としてではなく，常用光源として D_{65}，D_{50}，D_{55}，D_{75} を定義し，その性能と評価方法を定めている。

これらの常用光源は，分光分布の値が標準イルミナントおよび補助標準イルミナントの相対分光エネルギー分布に近似していなければならない。また，図 4.5 に補助標準イルミナント D_{50}，D_{55}，D_{75} および C の相対分光放射強度を示した。

K（ケルビン）
光源の色を表す単位であり，摂氏温度に 273.15 度を加えたもの。

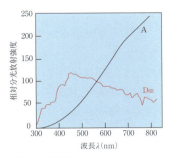
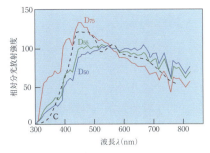

図 4.4 標準イルミナント A, D_{65} の相対分光放射強度

図 4.5 補助標準イルミナント D_{50}, D_{55}, D_{75}, C の相対分光放射強度

4.4 色の測定方法

色の測定方法は，直接人間の眼により色を判定する視感測定法と，眼のかわりに受光器を用いる物理的測定法に大きく分けられる。さらに物理的測定法は，その原理の違いにより分光測色方法と刺激値直読方法の 2 種類に分けられる。これらの方法によって色を測定するためには，種々の測色機器を用いなければならないが，近年は光学機器や電子機器などの発達によって，高性能で手軽な各種の測色器が市販されている。

4.4.1 視感測定法

視感測定法は，刺激値があらかじめわかっている色票や色光を用いて，測色したい試料と照合させ，一致，不一致の判断を人間の視感覚によって行う方法である。視感測定法は，いくつかの原色を混色した色と，測定しようとする試料の色を等色させ，試料の三刺激値を混色の原理から計算によって求める方法と，系統的に作成された標準的な色票と試料を比較し，等色あるいは近似した色票の記号によって試料の色を表示する視感比較法に分けられる。

混色による測定法には，大きく分けて加法混色の原理を用いたものと減法混色の原理を用いたものがある。加法混色による測色は，試料色と混色によって得られた比較色が等色になったとき，用いられた赤，緑，青の三原色の量から三刺激値 X, Y, Z（5.4 節参照）を得るというものである。この方法による測定器には，原色に物体色を用いる円盤回転色色彩計と色に透過色光を用いる色彩計がある。一方，減法混色による測色は，通常青緑（シアン），赤紫（マゼンタ），黄（イエロー）の三原色を用い，単一の光ビームにこれら原色のフィルターを順次挿入して，試料色と等色させるというもので，ロビボンド式色彩計が有名である。この方法は多数の原色フィルターが必要であるという難点はあるが，反射色や透過色の試料の測色を行うことができる。また，視感比較法に用いる既知の標準色票としては Mansell Book of Color, JIS 標準色票, NCS 標準色票などがよく使われる（図 4.6）。

視感比較法による測定を行う場合の標準的条件は，JIS Z 8723

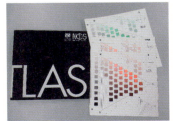

図 4.6 JIS 標準色票と NCS 標準色票

(1988) に以下のように取りあげられている。

1) **照明**　照明に用いる光源は原則として，標準イルミナント D_{65} に相対分光分布が近似する光源 D_{65} を用いる。しかし，紫外部の放射によって生じる蛍光を含まない表面色の場合は補助標準イルミナント C を用いることもできる。また，自然光を用いる場合は，日の出 3 時間後から日没 3 時間前までの周辺の建物，部屋の内装など環境色の影響を受けていない北窓昼光を用いる。

2) **照明方向と観察方向**　試料と標準色への照明方向および観測方向は図 4.7 に示す 3 方向が決められている。

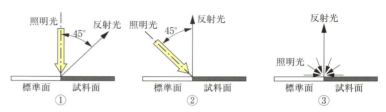

図 4.7　照明方向と観察方向

① 試料面に垂直に拡散的に照明し，45°方向から観察する。
② 試料面に 45°方向に拡散的に照明し，垂直方向から観察する。
③ あらゆる方向から拡散的に照明し，垂直または 45°方向から観察する。

3) **照度**　作業面における最小照度は原則として 1000 lx 以上を確保し，均斉度は 0.8 以上が望ましい。

4) **作業面**　作業面の色は，周囲には原則として無光沢で明度 V が 5 の無彩色とする。外光の影響がある場合は照明ブースを用いる（図 4.8）。照明ブースの内面は原則として，無光沢で明度 V が 5〜8 の無彩色とする。

5) **試料の配置**　試料と標準色は同一平面上に隣接または離して配置してもよい。隣接に配置する場合は境界線が縦割りになるように並置し，境界線の幅をできるだけ狭くとる。試料と標準色を並置して配置する場合，その距離が離れると識別能力が低下することが報告されている。

6) **マスク**　試料および標準面の形状や大きさをそろえる必要がある場合にはマスクを用いる（図 4.9）。マスク表面は蛍光や光沢がなく，試料面の明度に近い無彩色を用いることが望ましい。マスクの開口部は視角 2°以上の大きさで，長方形，正方形または円形とする。

7) **観察者**　観察者は色覚正常者でなければならない。

4.4.2　分光測色方法

分光測色方法は，分光光度計を用いて測定した試料の分光反射率（または透過率）を測定し，三刺激値 X，Y，Z を求める方法である。このため，分光測色は反射率の測定と測色計算（三刺激値の計算）の 2 つの要素によって構成される。

均斉度

照明施設内の明るさの変動を表す尺度，施設内の最大，最小，平均照度を使用し，最小／平均，最小／最大，またはこれらの比の逆数で定義されている。

図 4.8　照明ブース（標準光源装置）

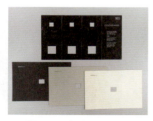

図 4.9　実験用マスク

実際の測色用分光測光器を図4.10に示した。

分光測光は波長ごとの強弱が測定できるため色を測るには便利である。測定する波長の範囲と波長の細かさによって第1種分光測光器と第2種分光測光器がある。第1種分光測光器は380〜780 nmの範囲を5 nm間隔で測ることを基本とし，第2種分光測光器は400〜700 nmの範囲を20 nm以内の間隔で測ることを基本としている。

分光反射率を測定する場合，試料をどのように照明し，反射光をどのように測定するかによって測定値が変化することが経験的に知られている。そこでJISでは図4.11のように照明および受光の幾何学的条件を規定している。

図4.10 分光測色計（コニカミノルタ CM600d）

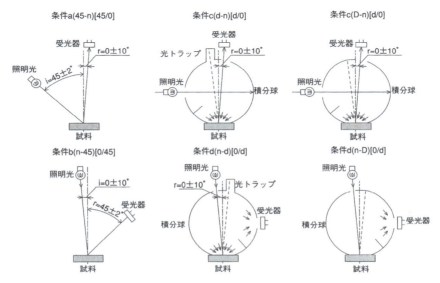

図4.11 照明および受光の幾何学的条件

条件a：試料面の法線に対して光軸が45±2°の角度で試料を照射し，10°以下の方向の反射光を受光する。

条件b：試料面の法線に対して光軸が10°以下の角度で試料を照射し，45±2°の方向の反射光を受光する。

条件c：試料をあらゆる方向から均等に照射し，試料面の法線との角度が10°以下の方向の反射光を受光する。

条件d：試料面の法線に対して光軸が10°以下の角度で試料を照射し，あらゆる方向へ反射する光を集積して受光する。

さらに，条件a，bは照明および受光光線束，条件cは受光光線束，条件dは照明光線束がそれぞれその中心線に対して5°以上の傾きを持つ光線を含まないこと，積分球を用いる場合は，入射開口，受光開口，試料面開口，参考面開口，光トラップ（正反射光を除去するために用いる装置）の開口面積の和が積分球内面の全面積の10％を超えないことがあげられている。

測色を行う場合，照明方法として白色光照明方式と単色光照明方

励起光
蛍光体などの物質に励起を引き起こす光の総称。紫外線のほか，可視光，X線が利用される。

式がある。蛍光を含まない試料では，測定される分光反射率はどちらの方式でもほとんど差は見られないが，蛍光を含んだ試料では大きな違いが生じる。これは，蛍光を含んだ試料は，反射光に測定波長による反射光と励起された蛍光成分が含まれるためである。このため，単色光照明方式では蛍光試料を正確に測定できないので白色光照明方式を用いなければならない。さらに，蛍光色は励起光の分光分布の違いによって変化するため，相対分光分布が既知の照明光で照明する必要がある。

図4.12～4.14に分光反射率の測定例を示した。図4.12はマンセル表色系の5色相の分光反射率曲線の相違を示した図であり，図4.13は5YRの明度の相違を，図4.14は5YRの彩度の相違を示した図である。

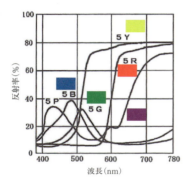
図4.12 分光反射率の例（色相の相違）
マンセル表色系の5R, 5Y, 5G, 5B, 5P

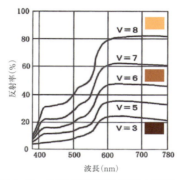
図4.13 分光反射率の例（明度の相違）
マンセル表色系の色相5YR，彩度8

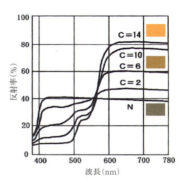
図4.14 分光反射率の例（彩度の相違）
マンセル表色系の色相5YR，明度7

4.4.3 刺激値直読方法

分光測色方法は380～780 nmの間を5 nmや10 nmなど一定の間隔で反射率（または透過率）を測定する必要があり，最近はかなり測定が高速化されてはいるが，測定時間がかかるうえに測定機器も複雑で高価なものが多い。しかし，製品の製造現場においては直ちに測色データを出し，製品にフィードバックさせなければならないことがある。このような場合には，測定時間が短く，取り扱いやすいということから刺激値直読方法による測色器が多く使用されている。

刺激値直読方法は三刺激値の計算方法から，図4.15の等色関数と等しい分光感度を持つ測定器によって，試料からの反射光を分光しないで直接測定するものである。この原理による色彩計を光電色彩計という。光電色彩計の分光感度は，その原理から下記の式の条件を満たす必要がある。この条件をルータ条件という。

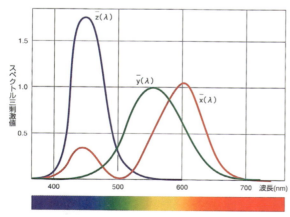
図4.15 X, Y, Zの等色関数

$$\left.\begin{array}{l}S(\lambda)\bar{x}(\lambda) = k_x P(\lambda) T_x(\lambda) r(\lambda)\\ S(\lambda)\bar{y}(\lambda) = k_y P(\lambda) T_y(\lambda) r(\lambda)\\ S(\lambda)\bar{z}(\lambda) = k_z P(\lambda) T_z(\lambda) r(\lambda)\end{array}\right\}$$

ここに,

$S(\lambda)$：標準イルミナントの相対分光分布,

$P(\lambda)$：測色機器で用いている光源の相対分光分布,

$T_x(\lambda)$, $T_y(\lambda)$, $T_z(\lambda)$：分光感度補正用フィルター,

$r(\lambda)$：測色機器で用いている受光器の分光応答度,

k_x, k_y, k_z：定数。

光電色彩計の原理を図4.16に示した。照明光が標準の光に近似する必要があるため，分光感度補正用のガラスフィルターが用いられるが，両者にはわずかな差異がみられ，これを $x(\lambda)$, $y(\lambda)$, $z(\lambda)$ に完全に一致させることは困難である。

したがって，刺激値直読方法では，測定誤差を完全に除去することは困難であるが，近似した2色の色差の測定には十分に用いることができるため，製品の色彩管理などには多く利用されている。

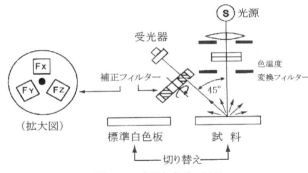

図4.16 光電色彩計の原理

引用・参考文献

1) 加藤雪枝, 石原久代, 中川早苗, 橋本令子, 寺田純子, 雨宮勇, 高木節子, 大野庸子：新版生活の色彩学, 朝倉書店, 2001
2) 日本規格協会編：JISハンドブック2010 色彩, 日本規格協会, 2010
3) 日本色彩学会編：新編色彩科学ハンドブック, 東京大学出版会, 2004
4) 日本色彩学会編：色彩用語辞典, 東京大学出版会, 2003
5) 東京商工会議所編：カラーコーディネーター検定試験2級公式テキスト, 東京商工会議所, 2012

5 色の表示

　色の表示方法は，色名による方法，色の三属性による方法，三刺激値による方法の3つに大別される。

　色の名前のことを色名といい，色名による表示方法はもっとも一般的でわかりやすく，日常生活の中で用いられている。しかし，私たちの生活を取り巻く色のすべてに名前を付けて表示することは簡単ではないため，一般には色が持っている属性や色刺激をもとに記号や数値で客観的に体系化して表す方法として，表色系が考案されている。

　表色系には，物体表面の色知覚を色の三属性による記号や数字で表す方法の顕色系（カラーオーダーシステム）と，色を心理物理量とみなし，色刺激の特性に与えた数値によって表す方法の混色系がある。

5.1　色の三属性と色立体

　私たちの生活を取り巻くたくさんの物の色は，赤，黄，緑，青など色みのある有彩色（chromatic color）と，白，灰色，黒の色みのない無彩色（achromatic color）に分けられる。図5.1に示すように有彩色は，色相，明度，彩度の3つの属性からなり，これを「色の三属性」という。無彩色は明度のみからなる。

図5.1　色の三属性と有彩色・無彩色

a. 色相

　色相（hue）とは，赤，黄，緑，青，紫などのように色の質の相違，色みを表す属性のことをいう。色は光の波長の違いによって赤，黄，緑，青，紫というように連続的に変化して知覚される。各色相には，反射率のもっとも高い波長が関係する。色を系統的に配列し，これに紫と赤を結ぶ赤紫を加えて環状にならべると色相の環ができる。これを色相環（hue circle）といい，一般に純色を使って表される。

b. 明度

　明度（value）とは，色の相対的な明暗，明るさの度合いを表す属性のことをいう。明るさの度合いは，物体表面の反射率の高低によって決まる。無彩色の白がもっとも明るく，黒がもっとも暗く，その間に明るさの少しずつ異なる灰色を配列することができる。このような明るさの違いは同色相の有彩色にもあり，たとえば同じ赤系統の桃色とえんじ色がそれである。

5.2 色名による色の表示

c. 彩度

彩度（chroma）とは，色みの強さやあざやかさの度合いを表す属性のことをいう．同一色相のなかでもっとも彩度の高い色を純色という．

d. 色立体

色の三属性（色相，明度，彩度）を3次元の立体で表現したものを色立体（color solid）という．図5.2に示すように縦の垂直な中心軸に明度の基準となる無彩色を置き，その周囲に色相を，明度から色相への水平軸に彩度をとると，あらゆる色はこの立体のなかに位置付けられることになる．

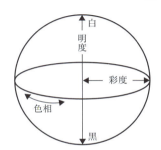

図5.2 色立体

5.2 色名による色の表示

私たちは，子どものころから身のまわりにある様々な物の色を表現するのに，クレヨンや絵の具につけられている赤，黄，緑，青などの色の名前（色名）を用いている．私たちは，これらの色名を聞くと赤なら太陽やリンゴの赤を，黄はレモンやバナナの黄といった同じ色を連想することができる．色の伝達に色名を使うことは，誰もが手軽に利用できる便利な方法といえる．しかし，色名は言葉から発達した色の種類の表現方法であることから，いつの時代，どこの地域も同じとはいえない．同じ色でも違う名前であったり，違う色でも同じ名前であったりということも生じている．このようなことから，色を正しく伝達・表示するのに適しているとはいいがたい．日常生活で用いることには不自由がなくても，色を使用目的に即して正しく伝達・表示することは必要である．とくに商品企画や商品発注などでは混乱が生じるため，産業界では一つの色には一つの名前しか与えないという方針で，日ごろ使用されている色名について，JIS（日本産業規格）では「JIS Z 8102 物体色の色名」と「JIS Z 8110 色の表示方法－光源色の色名」に分けて制定している．

図5.3 色見本（JIS色名帳）

a. 物体色の色名

JISでは，適用範囲を鉱工業製品の物体色の色名のうち，とくに表面色の色名について規定している．透過色の色名については，ここに規定する色名を準用してもよいとして，系統色名と慣用色名とに大別している．また，JISではこれらの制定に準拠した色見本「JIS色名帳」（図5.3）を発行している．

1) 系統色名　JISではあらゆる物体色を系統的に分類して表現できるようにした色名を系統色名と定義し，有彩色の系統色名と無彩色の系統色名に大別される．JIS系統色名の総数は350色名である．表5.1に示すように，有彩色の基本色名については赤，黄赤，黄，黄緑，

表5.1 有彩色と無彩色の基本色名（東京商工会議所編, 2007）

	基本色名	読み方	対応英語	略号
有彩色	赤	あか	red	R
	黄赤	きあか	yellow red, orange	YR, O
	黄	き	yellow	Y
	黄緑	きみどり	yellow green	YG
	緑	みどり	green	G
	青緑	あおみどり	blue green	BG
	青	あお	blue	B
	青紫	あおむらさき	purple blue, violet	PB, V
	紫	むらさき	purple	P
	赤紫	あかむらさき	red purple	RP
無彩色	白	しろ	white	Wt
	灰色	はいいろ	grey（英），gray（米）	Gy
	黒	くろ	blak	Bk

注）黄の読み方は「きい」，また，基本色名を黄色（きいろ）としてもよい．

表5.2 色相に関する修飾語

修飾語	読み方	適用する基本色名	対応英語	略号
赤みの	あかみの	紫, 黄, 白, 灰色, 黒	reddish	r
黄みの	きみの	赤, 緑, 白, 灰色, 黒	yellowish	y
緑みの	みどりみの	黄, 青, 白, 灰色, 黒	greenish	g
青みの	あおみの	緑, 紫, 白, 灰色, 黒	bluish	b
紫みの	むらさきみの	青, 赤, 白, 灰色, 黒	purplish	p

表5.3 無彩色の明度に関する修飾語

装飾語	読み方	対応英語	略号
うすい		pale	pl
明るい	あかるい	light	lt
中位の	ちゅういの	medium	md
暗い	くらい	dark	dk

注）混同するおそれのない場合は，「中位の」という修飾語を省略してもよい。

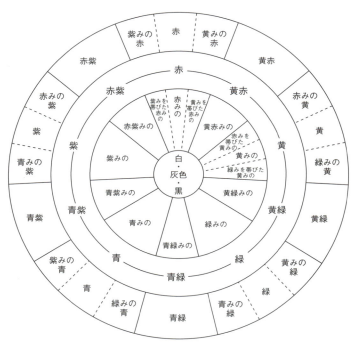

図5.4 色相に関する修飾語の相互関係

緑，青緑，青，青紫，紫，赤紫の10色を，無彩色の基本色名については白，灰色，黒の3色を用いるとしている。色相に関して細分する必要がある場合は，表5.2に示す修飾語を用いる。基本色名に用いる修飾語について，無彩色の明度に関する修飾語の灰色については表5.3に示すものを用い，白・黒には修飾語を用いないとしている。図5.4は色相に関する修飾語の相互関係を示したものであり，外周が有彩色に用いられる基本色名と色相に関する修飾語との関係を示している。中心部分は無彩色の基本色名で，その外側には色みを帯びた無彩色に用いられる色相に関する修飾語が示されている。有彩色の明度と彩度に関する修飾語については表5.4に示す。さらに，無彩色の明度ならびに有彩色の明度および彩度の相互関係を図5.6に示す。

JIS系統色名で有彩色を表示する場合の語順は「明度および彩度に関する修飾語」「色相に関する修飾語」「基本色名」となり（図

5.2 色名による色の表示

表 5.4 有彩色の明度・彩度に関する修飾語

修飾語	読み方	対応英語	略号
(ごく)あざやかな		vivid	vv
明るい	あかるい	light	lt
つよい		strong	st
こい		deep	dp
うすい		pale	pl
やわらかい		soft	sf
くすんだ		dull	dl
暗い	くらい	dark	dk
ごくうすい		very pale	vp
明るい灰みの	あかるいはいみの	light greyish(英), light grayish(米)	lg
灰みの	はいみの	greyish(英), grayish(米)	mg
暗い灰みの	くらいはいみの	dark greyish(英), dark grayish(米)	dg
ごく暗い	ごくくらい	very dark	vd

注) ( ) 内の「ごく」の修飾語は省略してもよい。mg は medium grey の略である。

	無彩色		有彩色			
	無彩色	色みを帯びた無彩色				
↑ 明度	白 Wt	△みの白 △-Wt	ごくうすい〜 vp-〜			
	うすい灰色 plGy	△みのうすい灰色 △-plGy		うすい〜 pl-〜		
	明るい灰色 ltGy	△みの明るい灰色 △-ltGy	明るい灰みの〜 lg-〜	やわらかい〜 sf-〜	明るい lt-〜	
	中位の灰色 mdGy	△みの中位の灰色 △-mdGy	灰みの〜 mg-〜	くすんだ〜 dl-〜	つよい st-〜	あざやかな〜 vv-〜
	暗い灰色 dkGy	△みの暗い灰色 △-dkGy	暗い灰みの dg-〜	暗い〜 dk-〜	こい〜 dp-〜	
	黒 Bk	△みの黒 △-Bk	ごく暗い〜 vd-〜			

彩度 →

図 5.6 無彩色の明度ならびに有彩色の明度および彩度の相互関係

5.7),色みを帯びた無彩色・無彩色の場合は「色相に関する修飾語」「明度に関する修飾語」「基本色名」の順となる。また,同じ語順を用いて略号で表すこともできる。系統色名には聞きなれない色名も多いが,この方法を用いることで私たちは生活のなかであらゆる色の種類を多くの人々に伝え合うことができる。

2) 慣用色名 古くから生活のなかで用いられてきた色名で,うぐいす色,ねずみ色,桜色,桃色,レモンイエロー,チョコレートというように動物や植物,食べ物などの色からその名をとったものが多く,これらを固有色名という。固有色名にはほかに藍色,紅色,茜色,群青,コバルトブルーというような染料や顔料の名前,さらには鉱物,自然現象,地名などからとられたものもあり,古来

うすい黄みの赤

くすんだ青みの紫

明るい灰みの青

図 5.7 系統色名による色の表示の例

よりずっと使われ続けてきた伝統的な色名や，一時的に流行した色名もある。このような固有色名のなかで，広く日常的に使われ多くの人がその色名から色を連想できるようになったものを慣用色名という。合理的な系統色名とくらべて全体として系統性に欠けるが，長い年月使われてきた身近な色名であり，誰もがすぐに該当する色を連想することができる。慣用色名のなかには，伝統色名と呼ばれるその国固有の色彩文化を代表する色名が多く含まれている。

JISでは慣用的な呼び方で表した色名を慣用色名と定義し，系統色名で表しにくい場合に用いてもよいとして，色名1（日本語名）147色，色名2（英語名）122色，計269色の慣用色名を採用し，それぞれ系統色名・代表的な色記号（マンセル記号）と対応させている（巻末付表に掲載）。また，慣用色名において必要がある場合は，明るいピンクといったように系統色名に示した修飾語を用いてもよいとしている。

b. 光源色の色名

JISでは，ろうそくの炎や白熱電球，蛍光ランプ，ネオンなどのような光源や照明器具から発する光の色で，発光しているように知覚される色の名称について，系統色名と慣用色名に分けて規定している。

1) **系統色名** 系統色名については，表5.5に示す10色にピンクと白を加えた12色を基本色名とし，色名を細分するときには表5.6に示す修飾語を付けて用いるとしている。2個の修飾語を付ける場合には，基本色名の前に鮮やかさに関する修飾語，色相に関する修飾語の順に付け用いる（図5.8）。

2) **慣用色名** 光源色の慣用色名については，表5.7に示すような色名を用いるとしている。必要がある場合には，表5.6に示す修飾語を用いても差し支えないとしている。

鮮やかな赤みの黄赤　　鮮やかな赤

図5.8 光源色の系統色名

表5.5 光源色の基本色名（JIS Z 8110より作成）

基本色名	読み方	基本色名	読み方
赤	あか	青	あお
黄赤 だいだい（橙）	きあか	青紫	あおむらさき
黄	き	紫	むらさき
黄緑	きみどり	赤紫	あかむらさき
緑	みどり	ピンク	
青緑	あおみどり	白	しろ

表5.6 光源色の基本色名に用いる修飾語（JIS Z 8110より作成）

修飾語	読み方	適用する基本色名
(1) 色相に関する修飾語		
赤みの	あかみの	黄赤，だいだい，紫
黄みの	きみの	白，黄赤，だいだい，紫
緑みの	みどりみの	白，黄，青
青みの	あおみの	白，緑，紫
紫みの	むらさきみの	白，ピンク，青
オレンジ		ピンク
(2) 鮮やかさに関する修飾語		
うす(い)		黄赤，だいだい，黄，黄緑，緑，青緑，青，青紫，紫，ピンク
鮮やかな	あざやかな	赤，黄赤，だいだい，黄，黄緑，緑，青緑，青，青紫，紫，赤紫

表 5.7　光源色の慣用色名（JIS Z 8110 より作成）

慣用色名	読み方	慣用色名	読み方
(1)　無彩色の色名		(4)　特に鮮やかなことを示す色名	
白色	はくしょく	純赤色	じゅんせきしょく
(2)有彩色の色名		純黄色	じゅんおうしょく
赤色	せきしょく	純緑色	じゅんりょくしょく
	あかいろ	純青色	じゅんせいしょく
黄色	おうしょく	深赤色	しんせきしょく
	きいろ	(5)　白色を細分して示す色名	
緑色	りょくしょく	電球色	でんきゅうしょく
	みどりいろ	温白色	おんぱくしょく
青色	せいしょく	白色（狭義の）	はくしょく
	あおいろ	昼白色	ちゅうはくしょく
紫色	むらさきいろ	昼光色	ちゅうこうしょく
オレンジ（色）	おれんじ（いろ）	月光色	げっこうしょく
だいだい色	だいだいいろ	昼光白色	ちゅうこうはくしょく
黄緑色	おうりょくしょく	(6)その他の色名	
	きみどりいろ	紅赤色	べにあかいろ
青緑色	せいりょくしょく	シアン	
	あおみどりいろ	マゼンタ	
(3)　特にうすいことを示す色名			
桃色	ももいろ		
黄白色	おうはくしょく		
緑白色	りょくはくしょく		
青白色	せいはくしょく		

参考・引用文献

1) 加藤雪枝，石原久代，中川早苗，橋本令子，寺田純子，雨宮勇，高木節子，大野庸子：新版生活の色彩学，朝倉書店，2001
2) 日本規格協会編：JIS ハンドブックー色彩 2013，日本規格協会，2013
3) 日本色彩研究所編：色彩ワンポイントー色の表し方と使い方，日本規格協会，1993
4) 川上元郎：色のおはなし（改訂版），日本規格協会，2002
5) 東京商工会議所編：カラーコーディネーター検定試験 3 級公式テキスト（第 3 版），東京商工会議所，2007
6) A・F・T 公式テキスト編集委員会編：色彩検定公式テキスト 1 級編，A・F・T 企画，2009

5.3　三属性による色の表示

　色名による色の表示や伝達は，色を思い浮かべやすく，日常生活において頻繁に利用されている．しかし，色名によってはどんな色か伝わりにくいこともあり，人によっては色の捉え方や見え方が異なる場合もある．正確に色を表示し伝えるには，色の感じ方を三属性（色相，明度，彩度）に置き換え，数値や記号で示すことが有効といえる．

　三属性を用いて色を定量的に表示する方法は「顕色系」と呼ばれる．定量化された規格（色見本や色票帳）を用いて色を表示する方

5.3.1 マンセル表色系

マンセル表色系（Munsell color system）は，1905年に考案された色の三属性を用いて「物体の表面色」を系統的に配列・表示するカラーオーダーシステムである。考案者はアメリカの画家のアルバート・マンセル（A. H. Munsell）である。1943年にアメリカ光学会（OSA）の測色委員会によってすべての色の差が均等な間隔で配置されるよう修正が加えられた「修正マンセル表色系」が発表され，現在では「修正」をとって「マンセル表色系」として広く使用されている。

色相は，R（赤），Y（黄），G（緑），B（青），P（紫）の「基本色」5色と，それらの「中間色」であるYR（黄赤），GY（黄緑），BG（青緑），PB（青紫），RP（赤紫）の5色を加えた計10色の主要色相で構成されている。この主要色相10色の各色をさらに10等分した計100色相をマンセル表色系の色相としている。この100色相に数値（1～10）と記号（R～RP）を付与し，時計回りに環状配置したものを色相環（hue circle，図5.9）と呼んでいる。この色相環上において「5」が付く色（たとえば5R，5YR）は各色相を代表する色と定めている。

明度は，色味を一切持たない無彩色であり，光を完全に吸収する「理想的な黒」を0，光を完全に反射する「理想的な白」を10として，感覚的に等しく明るさが変化するよう分割した計11段階としている。実際には表現可能な最も暗い色（Bk；黒）を1.0，最も明るい色（W；白）をN9と表示している（図5.10）。有彩色については，無彩色の明るさの感じ方と等しくなる明度段階の数値で表

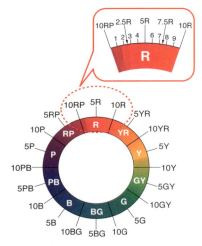

図 5.9　マンセル表色系の色相環

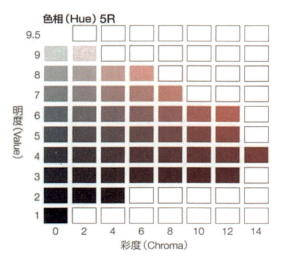
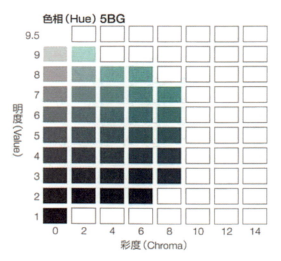

図 5.10　マンセル表色系の明度と彩度（5Rと5BGの等色相面）（JIS Z 8721準拠標準色票より抜粋）

示する。

　彩度（chroma）は，色味を一切持たない無彩色を0とし，色味が鮮やかになるほどに数値が大きくなり，現在の最高彩度は14である。ただし，色相によって最高彩度の数値は異なる。たとえば，5Rの最高彩度は14であり，色相環上で対極にある5BGの最高彩度は8である（図5.9）。色相，明度，彩度を3次元で表現する色立体（図5.11）からも，色相による最高彩度の違いを見て取ることができる。

　マンセル表色系の有彩色は「H V/C」の順に並べて表示する。たとえば「5R 4/14」は，色相は5R（Rの代表色），明度は4.0（中程度の明度），彩度は14（最も高い彩度）であることを示している。無彩色は中性や中立を意味するNeutralの頭文字「N」の後にV（明度）の数値を付けて表示する。たとえば「N9.0」は「エヌ9.0」と読む。

　マンセル表色系の色票は「Munsell Book of Color」として出版され，日本ではJIS Z 8721（1993）「三属性による色の表示方法」に採用されて「JIS標準色票」として出版されている（4章図4.6）。

5.3.2　日本色研配色体系（PCCS）

　日本色研配色体系（Practical Color Co-ordinate System：PCCS）は，1964年に財団法人日本色彩研究所が開発し，「色彩調和」を目的とした表色系である。PCCSでは，色相を「hue」，明度を「lightness」，彩度を「saturation」と呼んでいる。最大の特徴は，色を「色相」，「明度」，「彩度」の三属性で表すほかに，「色相」と「トーン（tone）」の二属性でも表すことができる点である。なお，「色相」と「トーン」の二属性で色を表すシステムは「ヒュー&トーンシステム（hue & tone system）」と呼ばれている。PCCSはデザインや色彩教育における配色作業に広く使用されている。

　色相（hue）には，ヘリングの反対色説（3章参照）に基づいた心理四原色の赤，黄，緑，青の4色を主要色相として用い，これらの心理補色をそれぞれ対極に配置している。この8色が等間隔に変化して見えるように4色相を追加して計12色相とし，さらに，この12色相それぞれの色相の中間色を配置した計24色相をPCCSの色相と定めている（図5.12）。この24色相には色光の三原色である赤，緑，青と色料の三原色であるシアン（青緑），マゼンタ（赤紫），イエ

図5.11　マンセル表色系　色立体

トーン（tone）
トーンとは明度（明るさ）と彩度（鮮やかさ）を融合させたもの。

反対色説
ヘリングが提唱した色知覚の仕組み（色が見える仕組み）であり，心理四原色とは目の網膜上にある赤か緑に反応する視細胞，黄か青に反応する視細胞によって作り出される基本色4色のこと。

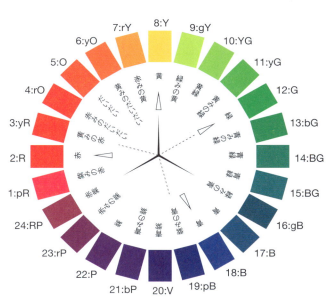

▲　色料の三原色（減法混色の三原色）の近似色
- - -　色光の三原色（加法混色の三原色）の近似色
△　心理四原色の近似色

図5.12　PCCS表色系の色相環

ロー（黄）に近似した色を含んでいる。

色相名は「日本語」，「英語」，「色相記号」の3パターン（表5.8）で示すことができる。

明度（lightness）は，色味を一切持たない無彩色であり，最も暗い色（Bk；黒）を1.5，最も明るい色（W；白）を9.5とした1.5～9.5の数値（図5.13）で明度を表示する。なお，明度値は0.5刻みで変化し，計17段階としている。PCCSでは明度を「低明度（1.5～4.0）」，「中明度（4.5～6.5）」，「高明度（7.0～9.5）」の3領域で示すことが多い。

彩度（saturation）は無彩色を0，数値が大きくなるほどに鮮やかさは増し，最も鮮やかな色を9sと設定している。PCCSの彩度は「9s」のように数値に小文字のsを付けて表示する（図5.13）。最高彩度は24色相のすべてにおいて9sまで存在し，これを純色（full color）としている。明度と同様に，彩度を「低彩度（1s～3s）」，「中彩度（4s～6s）」，「高彩度（7s～9s）」の3領域で示すことが多い。

純色（ビビッドトーン）に白だけを加え，その量を調整してできている色を「明清色」と呼び，純色に黒だけを加え，その量を調整してできている色を「暗清色」と呼ぶ。

また，純色に灰色を加え，その量を調整してできている色を「中間色」と呼んでおり，これらの色には濁りがみられることから「濁色」とも呼ばれている。なお，明清色や暗清色は「濁りのない色」という意味から「清色」と呼ばれている（図5.14）。

PCCSにおける色の表示方法は，三属性（色相，明度，彩度）で表す場合，有彩色では各属性の間にハイフン（-）を付けて「色相（記号）-明度（0.5刻みの数値）-彩度（1s～9s）」のように表示する。たとえば，純色の黄であれば，「8:Y-8.0-9s」となる。無彩色ではneutralの頭文字「n」と

表5.8 PCCS表色系における色相の表示方法

色相記号	色相名	マンセル色相
1：pR	purplish red	10RP
2：R	red	4R
3：yR	yellowish red	7R
4：rO	reddish orange	10R
5：O	orange	4YR
6：yO	yellowish orange	8YR
7：rY	reddish yellow	2Y
8：Y	yellow	5Y
9：gY	greenish yellow	8Y
10：YG	yellow green	3GY
11：yG	yellowish green	8GY
12：G	green	3G
13：bG	bluish green	9G
14：BG	blue green	5BG
15：BG	blue green	10BG
16：gB	greenish blue	5B
17：B	blue	10B
18：B	blue	3PB
19：pB	purplish blue	6PB
20：V	violet	9PB
21：bP	bluish purple	3P
22：P	purple	7P
23：rP	reddish purple	1RP
24：RP	red purple	6RP

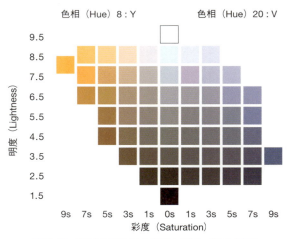

図5.13 PCCS表色系の明度と彩度（等色相面）

ハイフンをつけて n-4.5 のように「n-明度」で表示する。一方, 色相とトーンで表す場合, 有彩色ではトーン記号と色相番号を並べて表示する。無彩色では, 白は W, 黒は Bk, その間は灰（Gy）と明度を表す数値を並べて表示する。たとえば, 「v2」はビビッドトーンの色相番号 2（赤）の有彩色であることを示し, 「Gy5.5」は中くらいの明るさ（中明度）の無彩色であることを示している。

5.3.3 オストワルト表色系

オストワルト表色系（Ostwald color system）は, 1923 年にドイツの化学者オストワルト（W. Ostwald）によって考案された表色系である。すべての物体色は理想的な黒, 白, 完全色（純色）を回転混色することによって得られ, それら 3 要素の混色量（含有量）, すなわち白色量（W）+ 黒色量（S）+ 純色量（F）= 100% の関係で表現できることを発見した。

色相は PCCS と同様にヘリングの反対色説に基づいて構成されており, 混色すると無彩色（物理補色）になる赤（red）と緑（sea green）, 黄（yellow）と青（ultramarine blue）の 2 対を円周上に直行するように配置し, それら 4 色の間に橙（orange）, 紫（purple）, 青緑（turquoise）, 黄緑（leaf green）の 4 色を配置して計 8 色相で構成し, さらにそれぞれの色相を 3 分割して合計 24 色相で表した（図 5.15）。

明度は, 白（W）と黒（S）の含有割合（合計で 100%）を示す a, c, e, g, i, l, n, p の記号を付した計 8 段階としている（表 5.9）。a（白色量 89%, 黒色量 11%）は白の含有量が最も多く, p（白色量 3.5%, 黒色量 96.5%）は黒の含有量が最も多い。a や p は多少の白や黒を含んでいることからも, 物体色（色票）として理想的な白（白色量 100%）と黒（黒色量 100%）を表現することは困難であることを物語っている。

彩度（C）は明度段階を垂直軸とし, これを底辺として形成した正三角形の頂点を最高彩度としている（図 5.16）。彩度段階は, 正三角形の内側を 28 分割し, ca, pn, pa のように明度 8 段階の記号を用いて白色量, 黒色量を表す記号を並べて表現する。たとえば, ca は c の白色量 56%, a の黒色量 11%, 純色量 33%（100% から白色量 56% と黒色量 11% を引いた値）となる。最高彩度の pa に

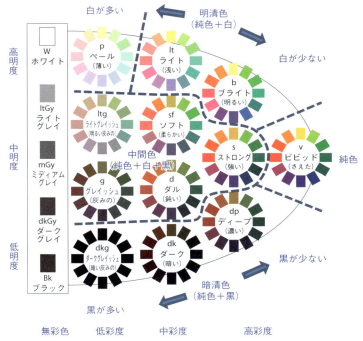

図 5.14　PCCS 表色系のトーン

ヴィルヘルム・オストワルト
触媒作用・化学平衡・反応速度に関する業績が認められ, 1909 年にノーベル化学賞を受賞している。

物理補色
混色すると無彩色（白, 黒, 灰）になる 2 色の関係を指す。

明度
アルファベットを a から順に一つ飛ばしで付しているが, i と j は混同されやすいため, j は省かれている。

表 5.9　オストワルト表色系における明度段階 a〜p の白と黒の含有量

記号	白含有量(%)	黒含有量(%)
a	89	11
c	56	44
e	35	65
g	22	78
i	14	86
l	8.9	91.1
n	5.6	94.4
p	3.5	96.5

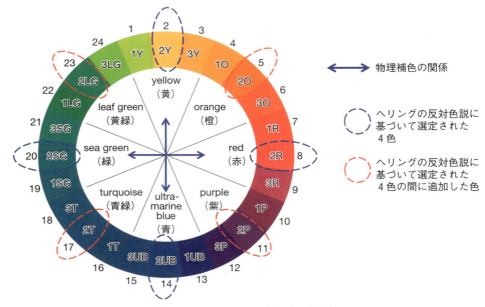

図 5.15 オストワルト表色系の色相環

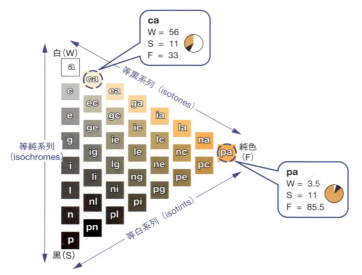

図 5.16 オストワルト表色系の明度と彩度（等色相面）

おいても白 3.5%，黒 11%を含むことから，理想的な純色（100%）を物体色（色票）で表現することは困難であることがわかる。

オストワルト表色系における有彩色は，色相番号（1〜24），白色量（a〜p），黒色量（a〜p）を並べて表示する。たとえば 20gc は色相番号 20（sea green, 2SG），白色量 22%，黒色量 44%，純色量 34%を示している。無彩色は a, c のように明度段階を示す a〜p を一文字で表示する。

なお，pn，pl，pi のように白色量の記号が同じ列は白の含有量が同じことを示し，これを「等白系列（isotints）」と呼ぶ。また，ca，ea，ga のように黒色量の記号が同じ列は黒の含有量が同じことを示し，これを「等黒系列（isotones）」と呼ぶ。さらに，ca，ec，ge のように垂直に並ぶ列は純色量／白色量が等しいことを示し，これを「等純系列（isochromes）」と呼び，1pa，2pa，3pa のように白色量と黒色量の記号は同じで色相番号だけ異なるものを「等価値色系列（isovalents）」と呼ぶ（図 5.16）。

5.3.4 NCS 表色系

NCS 表色系（Natural Color System）は 1979 年にスウェーデン

の色彩標準に採用されているスウェーデン工業規格（Swedish Institute of Standards；SIS）である。色相はPCCSやオストワルト表色系と同様にヘリングの反対色説に基づいて構成されており，赤（R）と緑（G），黄（Y）と青（B）の有彩色と白（W），黒（S）を加えた6つの主要色を基本色として，それらの構成比（％）によって色を表現している。

色相は ϕ で示す。それぞれの色相の間を10等分して計40色相としている（図5.17）。色相の数値（10～90）は隣接する色相との類似度を表している。たとえば「Y10R」は黄（Y）が赤（R）に10％近づいている（類似している），すなわち，黄（Y）が90％，赤（R）が10％の色で構成されていることを示している。

明度については，黒色量（S）の数値が大きくなるほど暗い色であることを示し，白（W）と黒（S）の間を10刻みで9段階（10～90）に分けて表示している。彩度については，純色量（C）の数値が大きくなるほど鮮やかな色であることを示し，白（W）から純色（C），黒（S）から純色（C）の間をそれぞれ10刻みで9段階（10～90）に分けて表示している（図5.18）。

NCS表色系では，「黒色量（S）純色量（C）-色相（ϕ）」のように色を表示する。たとえば「2050-Y10R」は黒色量20，純色量50，色相は黄（Y）が90％，赤（R）が10％の色で構成されていることを示している。

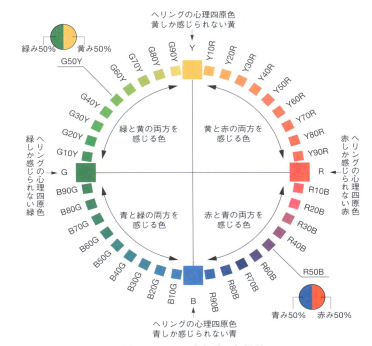

図 5.17　NCS表色系の色相環

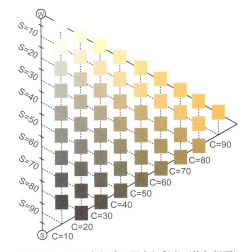

図 5.18　NCS表色系の明度と彩度（等色相面）

5.3.5　パントンカラー

　パントンカラーとは，米・パントン社（Pantone）が展開する色見本であり，1963年に初の印刷業者用パントンマッチングシステムとして発売されている。このパントンカラーは，グラフィックデザインや印刷物，webデザイン，プロダクトデザインに使用されており，近年では様々な企業とのコラボレーションによりパントンカラーの名称を使用して色を前面に押し出した商品の提案・製作・販売がなされている。中国

図 5.19　パントンカラー

では，グラフィックデザインや印刷，テキスタイル，プラスチックなどの業界において標準的に使用されている。

色票（カラーチップ）は短冊状の色見本帳となっている（図5.19）。ファッション・インテリア向けの色票においては6桁の色番号（明度，色相，彩度の順に表示）＋符号と色名（英文）で色表示がなされる。たとえば「18-1438 TPG」は明度18，色相14，彩度38を示し，符号としてTextile Paper-"Green"の略であるTPGが記載されている。明度は11から19の9段階，色相は00が無彩色を示し，イエローグリーンを起点としてグリーンイエローまで64セクターに分かれている。彩度は無彩色（00）から最大彩度64までの55段階としている。また，参考値として各色のプロセス印刷する際のCMYK値，デジタルメディアで表示する際のHTML値やsRGB値が記載されている色見本もあり，様々な媒体において色表現が可能となっている。

5.4 三刺激値による色の表示

三属性を用いて色を定量的に表示する「顕色系」には，色見本や色票集が存在する。これらの色見本や色票集は物体色の表現には向いているが光源色や透過色の表現には不向きである。また，色情報は色見本や色票集に掲載されている色数よりも実際には多く，無数に存在するため，これらを詳細かつ厳密に伝えるには，色見本や色票集以外の方法で色を表示する必要がある。そこで考案されたのが，「三刺激値」を用いて定量的に色を表現する方法である。この方法は光の混色割合で色を表現することから「混色系」と呼ばれている。ここでは，混色系の中でも代表的なXYZ表色系，L*u*v*表色系，L*a*b*表色系について説明する。

5.4.1 XYZ表色系

XYZ表色系は，1931年にCIE（国際照明委員会）が承認した世界共通で使用される「標準表色系」であり，物体色や光源色，透過色を表す方法として，世界中で広く用いられている。XYZ表色系は，ヤング-ヘルムホルツの三原色説に基づいて構成されており，人間の視細胞における色覚特性を科学的な実験によって数値化し，それをもとに作られた表色系である。

その仕組みを説明すると，テスト光（F）をスクリーンに投射し，他のスクリーンに色光の三原色であるR（700 nm），G（546.1 nm），B（435.8 nm）の原刺激（いずれも単波長光）を調整しながら混色

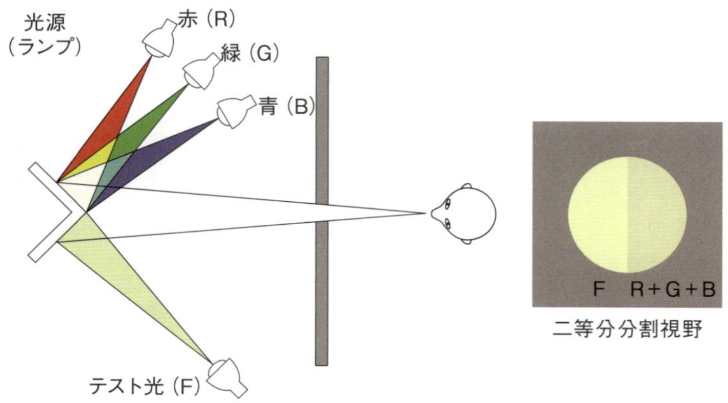

HTML値
　コンピュータのディスプレイの表示は光の三原色R，G，Bの加法混色によって行われている。ある色を指定する場合，R，G，B各色について1バイト（＝8ビット）を用い256（＝2^8）通りの表現ができる。
　1バイト（8ビット）は16進法00〜ffで表現できるので，ある色を2桁×3色＝6桁で指定することができる。つまり黒は000000，赤はff0000，緑は00ff00，青は0000ff，白はffffffとなる。

三原色説
　三原色説とは，ヤングとヘルムホルツが提唱した色知覚の仕組みであり，目の網膜上に赤，青，緑の3色に対応する受容器が存在し，それらの反応量によって色が知覚されることを明らかにしている。

図5.20　RGB等色実験

し，テスト光（F）と同じ色に見えた瞬間，すなわち等色した瞬間の混色量 R, G, B を測定する「等色実験」（図5.20）を繰り返して，人間の色覚を数値化した「RGB 等色関数」を定義した（図5.21）。しかし混色量 R, G, B から定義した等色関数は，440～545 nm に負の値が混在することから理解しにくい。そこで，実在の原刺激 [R], [G], [B] を架空の新たな原刺激 [X], [Y], [Z] に置き換えることにより，「XYZ 等色関数」を定義し（4章図4.15），新たな混合量 X, Y, Z を得ることにした。混合量 X は赤，Y は緑，Z は青に対応しており，この X, Y, Z を「三刺激値」と呼んでいる。

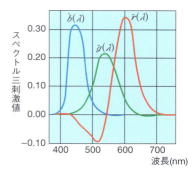

図5.21 RGB 等色関数

この三刺激値を算出するためには，試料を照射する光源の分光分布，試料の分光反射率，人間の色覚を数値化した等色関数が必要となる。等色関数は，$\bar{x}(\lambda)$, $\bar{y}(\lambda)$, $\bar{z}(\lambda)$ で表し，光をとらえる感度が視野角2度の場合と10度の場合の計2種類が存在する。CIE では等色関数を観測者（人間）に例えて視野角2度を「CIE 測色標準観測者」，10度を「CIE 測色補助標準観測者」と呼んでいる。視野角2度で算出された三刺激値 XYZ による表色系は「XYZ 表色系」と呼ばれるが，視野角10度で算出された表色系は「$X_{10} Y_{10} Z_{10}$ 表色系」と区別して呼んでいる。

三刺激値 X, Y, Z の混合量を用いて，色を定量的に示すことができるようになったが，X, Y, Z の値だけを見てもどのような色であるかをすぐに判断することは困難である。しかし，次の計算式を用いて三刺激値 X, Y, Z の混合比 x, y, z を算出すると，おおよその色判断は可能となる。

色度
色度とは色み（色相）と鮮やかさ（彩度）のことを指す。

単色光
太陽光をプリズムなどで分光した可視光領域の光のこと。通常の光源（太陽，電球など）はさまざまな波長の光が混ざったものであるが，単色光はこれ以上分解されない。

$$x = \frac{X}{X+Y+Z}, \quad y = \frac{Y}{X+Y+Z}, \quad z = \frac{Z}{X+Y+Z}$$

三刺激値 X, Y, Z の混合比 x, y, z は色光の色度を示すことから「色度座標」と呼ばれている。色度座標は x, y, z の混合比であるため，すべてを足す（$x+y+z$）と1（100%）となる。全体が1であることから x と y の値がわかれば z の値もわかるため，XYZ 表色系では z の表示は省略し，x と y の値だけでおおよその色判断を行っている。x と y の混合比を用いて x を横軸に，y を縦軸にとり作成した色度座標を「xy 色度図」と呼んでいる（図5.22）。色度図上に可視光線（380～780 nm）のスペクトル（単色光）における x と y の値を配置し，短波長側から順に線で結んでみると，釣鐘状に湾曲した曲線が形成される。これを「スペクト

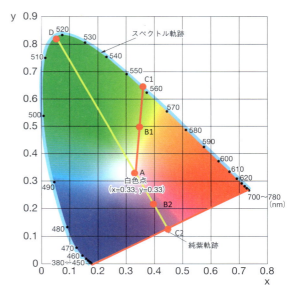

図5.22 xy 色度図

ル軌跡」と呼ぶ。このスペクトル軌跡には紫と赤紫，その混色した色は含まれていない。これらを示すために，スペクトル軌跡の両端を直線で結び，この直線上に示すこととした。この直線を「純紫軌跡」と呼ぶ。三刺激値を混色して作られるすべての色は，この「スペクトル軌跡」と「純紫軌跡」で囲まれた内側の領域に位置する。

　XYZ表色系は，加法混色の原理に基づいていることから，混色量が多くなるほど白色光に近づく特徴を持つ。混色量 x, y, z の値がそれぞれ 0.33（33%）の場合は $x+y+z=1$ となり「白色光」となる。つまり，xy色度図上において，$x=0.33$, $y=0.33$ 付近は無彩色であることを示している。この位置は「白色点」と呼ばれている。xy色度図では，スペクトル軌跡や純紫軌跡に近づくほど高彩度となり，離れるほど，つまり白色点（$x=0.33$, $y=0.33$）に近づくほどに低彩度色であることを示している。なお，xy色度図からは明度の判断が困難であるため，三刺激値の中でも原刺激の混色量の明るさ（視感反射率%や視感透過率%）を表す Y（緑）の値を明度情報として用いている。このように，XYZ表色系は三刺激値 Y の値とxy色度図を用いて色表示を行うことから「Yxy表色系」とも呼ばれている。

　そのほか，色度を主波長 nm（λ_d）や補色主波長 nm（λ_c），刺激純度%（p_e）で表す方法がある。図 5.22 を用いて説明すると，主波長とは，白色点（A）から色度点（B1）を直線で結び，それを延長させてスペクトル軌跡と交わった点（C1）の波長（単色光波長）のことである。一方，白色点（A）から色度点（B2）を直線で結び，その延長線が純紫軌跡（C2）と交わる場合，単色光波長を読むことができない。このような場合は，白色点（A）と色度点（B2）を通りつつ，純紫軌跡とは逆方向に線を延長させてスペクトル軌跡と交差した点（D）の波長で表すことがある。これを補色主波長という。主波長や補色主波長を求めることで，容易に色相を把握できる。しかし，この直線上はすべて同一色相であるため，鮮やかさまで表現することはできない。そこで白色点から色度点までの距離（AからB1の距離）を白色点から色度点を通りスペクトル軌跡との交差点までの距離（AからC1までの距離）で割り，相対的な距離比（%）で表示することで刺激の純度，すなわち彩度を表すことが可能となる。これを刺激純度と呼ぶ。

*は「スター」と読む。

5.4.2　L*u*v*表色系（CIE 1976（L*, u*, v*）色空間）

　前項において，XYZ表色系はすべての色を表現できると説明したが，xy色度図上で2つの色の違いを示すこと，つまり「色差」を表現する際には問題が生じる。たとえば，数値上等しい色差を持つ赤系の2色，青系の2色，緑系の2色をxy色度図上に配置すると，数値上は等しい色差であってもxy色度図上における見た目の距離では赤系の2色間の距離と青系の2色間の距離に比べ，緑系の2色間の距離の方が大きくなる。これはxy色度図の特徴によるものであ

り，短波長（380 nm～）や長波長（600 nm～）における x と y の値は比較的狭い範囲に集合した状態で配置されるが，中波長（500 nm～）における x と y の値は白色点（$x=0.33$，$y=0.33$）から曲線部分までの範囲に広く配置されるために起こる現象である。つまり，XYZ表色系の xy 色度図では均等な色の差を示すことはできないといえる。

1942年にアメリカの物理学者であるマックアダム（D. MacAdam）が xy 色度図上における2色の数値上の差と知覚上の差（見た目の距離）について検討している。マックアダムは，x と y の値を変化させた2色を提示し，目視した際に区別ができるかどうか，という色弁別実験を実施し，区別がつかない範囲を色度図上に楕円で示した（図 5.23）。この楕円は「マックアダム楕円」と呼ばれている。これを見ると，楕円は中波長領域（緑）で大きく，短波長（青）や長波長（赤）領域では小さいことがわかる。つまり，xy 色度図上は均等に色が配置されていないことを示している。この不均一な状況を改善するために，1960年に数値上の差と知覚的な差が等しくなる「均等色空間」が考案された。この均等色空間はUCS（Uniform Color Space）とも呼ばれており，それを応用して中波長領域の距離（領域）がやや縮まった u'v' 色度図が考案された。CIE 1964（U*，V*，W*）色空間として発表されたのち，さらに修正を重ね，CIE 1976（L*，u*，v*）色空間として規格化・国際標準化された。L*u*v*表色系は，このCIE 1976（L*，u*，v*）色空間を応用して作られた表色系であり，色差を表す際に用いられている。L*は明度指数であり，u*は赤-緑，v*は黄-青を示すクロマティクネス指数（白や黒ではない色みを持つ色のこと）である。L*u*v*表色系は，ディスプレイやコンピュータグラフィックス分野で利用されている表色系である。

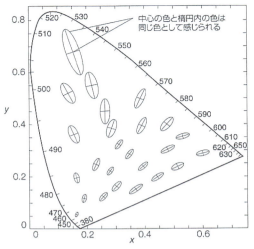

図 5.23 マックアダム楕円（Wyszecki & Stiles, 2000 の原図より作成）

5.4.3　L*a*b*表色系（CIE 1976（L*，a*，b*）色空間）

1976年にCIEが規格化・国際標準化した均等色空間には「CIE 1976（L*，u*，v*）色空間」の他に「CIE 1976（L*，a*，b*）色空間」がある。それを応用して作られた表色系を「L*a*b*表色系」と呼んでいる。

CIE 1976（L*，a*，b*）色空間は，マンセル表色系を均等に表示することを目的に作られた空間である。そのため，L*u*v*表色系は光の色評価が重視される分野での利用が多く，L*a*b*表色系は物体色の評価や色差を用いた色彩管理が重視される分野での利用が多い。なお，わが国では1980年にJIS Z 8730「色の表示方法－物体色の色差」として規定されている。

CIE 1976（L*，a*，b*）色空間は均等色空間であることから，空間内において色は知覚的に均等配置される。この色空間は3次元の

球体で形成されており，球体（空間）の中央を通る中心軸を L*,
それを水平面で切ると現れる 2 次元（平面）の円形断面は a* と b*
を表している（図 5.24）。L*（明度指数）は XYZ 表色系の三刺激
値 Y から換算され，0〜100 の数値で明るさを表している。また，
マンセル表色系の明度（value）を 10 倍した値とほぼ同じになるよ
う設定されている。a*，b* はクロマティクネス指数と呼ばれ，色
度（色相と彩度）を表している。＋a* は赤方向，－a* は緑方向を
示している。＋b* は黄方向，－b* は青方向を示している。なお，
a*，b* の値が小さくなるほど 0 に近づき，彩度は低下する。a*,
b* が共に 0 の場合は無彩色（白〜黒）であることを示している。

　CIE 1976（L*，a*，b*）色空間を応用して作られた L*a*b* 表色
系（図 5.25）では，a*，b* の数値からおおよその色相を判断する

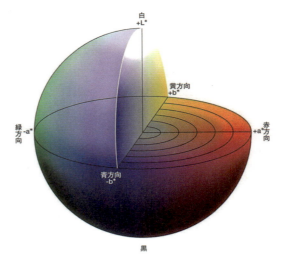

図 5.24　CIE 1976（L*，a*，b*）色空間

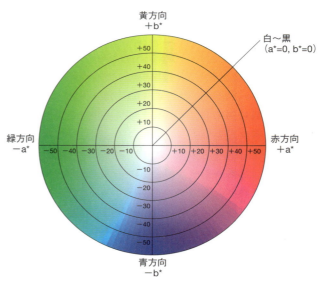

図 5.25　L*a*b* 表色系

ことが可能である。a*とb*の値が両方ともに＋であれば赤-橙-黄の色相を示し，－であれば緑-青緑-青の色相を示す。a*が＋でb*が－の場合は赤-紫-青の色相を示し，a*が－でb*が＋の場合は緑-黄緑-黄の色相を示している。a*，b*の値は大きいほど彩度は高く，小さいほど彩度は低くなり，L*の値は大きいほど明るく，小さいほど暗くなる。

このような特徴を持つL*a*b*表色系を用いて2つの色（L^*_Q, a^*_Q, b^*_Q）（L^*_P, a^*_P, b^*_P）色差を表す場合は，以下の式を用いて算出することができる。

$$\Delta E^*_{ab} = (\Delta L^{*2} + \Delta a^{*2} + \Delta b^{*2})^{1/2}$$

ただし，$\Delta L^*_Q = L^* - L^*_P$,
$\Delta a^* = a^*_Q - a^*_P$,　　$\Delta b^* = b^*_Q - b^*_P$

算出された色差を用いることで，その2色の差の状況や差の許容範囲を示すことができる。一般的には，「色差0〜0.2」は目視では色の違いを識別できない程度の差を示し，「色差0.2〜0.4」は色検査に慣れた人が色の違いを識別できる限界を示している。また，「色差0.4〜0.8」は目視での色の違いを識別できる限界であり，色の差を厳密に行う必要がある場合を示している。産業界では許容色差の範囲が定められており，工業用塗料ではとくに厳密な調色が求められるため，許容できる色差は0.4〜0.8といわれている。

色の表示方法は様々あるが，用途や目的に合わせて最も適した方法で色を表示することが望ましい。

引用・参考文献

1) 加藤雪枝，石原久代，中川早苗，橋本令子，寺田純子，雨宮勇，高木節子，大野庸子：新版生活の色彩学，朝倉書店，2001
2) 牛腸ヒロミほか編：被服学事典，朝倉書店，2016
3) 日本色彩研究所編：デジタル色彩マニュアル，日本色彩研究所，2004
4) 大井義雄，川崎秀昭：カラーコーディネーター入門色彩，日本色研事業，2008
5) 全国服飾教育者連合会監修：色彩検定公式テキスト1級編，A・F・T企画，2009
6) 全国服飾教育者連合会監修：色彩検定公式テキスト2級編，A・F・T企画，2009
7) 全国服飾教育者連合会監修：色彩検定公式テキスト3級編，A・F・T企画，2009
8) 東京商工会議所編：カラーコーディネーター検定試験2級公式テキスト―カラーコーディネーション，東京商工会議所，2012
9) 東京商工会議所編：カラーコーディネーター検定試験3級公式テキスト―カラーコーディネーション，東京商工会議所，2011
10) Günther Wyszecki, W. S. Stiles: *Color Science: Concepts and Methods, Quantitative Data and Formulae*, 2nd Edition, Wiley-Interscience, 2000
11) 馬場護郎：色差に関する規格と最近の研究．色材協会誌，**53**：589-593，1980
12) 高浜幸太郎ほか：CIE LUVとCIE LAB均等色空間に関する最近の話題．照明学会誌，**64**：223-229，1980
13) PANTONE日本語インフォメーションサイト　https://www.pantone.jp/

6 色の調和と配色技法

　生活の中での色は，単色ではなく複数の色を組み合わせて使われる場合が多く，その組み合わせが美しさを創造する。色彩調和という概念は古くから考えられており，これまでも多くの人々によって研究されてきた。本章では，代表的な色彩調和論について解説する。

6.1　日本色研配色体系の色彩調和論

　日本色研配色体系（Practical Color Coordinate System：PCCS）は，1964年に色彩調和を主な目的として開発されたシステムである。第5章で述べたように，色を色相，明度，彩度で表すとともに，明度と彩度を合わせたトーンという概念を用いて配色を行う。色立体のような3次元でなく，色相とトーンという2次元で色彩調和を考えることができるのが大きな利点である。

6.1.1　色相と色彩調和

　図6.1は8：Y（黄）を基準とした色相差と色彩調和の関係を示している。色相差0は同一色相配色であり，いわゆる同系色の組み合わせである。色相差1，つまり色相環で隣り合う色同士の配色は隣接色相配色，色相差2，3は類似色相配色である。これらの配色は「色相共通の配色」と呼ばれ調和しやすい。

　色相差4から7の中差色相配色は，色相がやや離れた印象となる。色相差8から10は対照色相配色，色相差11，12は補色色相配

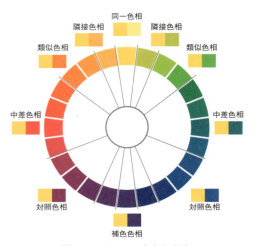

図6.1　PCCSの色相と調和

色である。補色色相配色は，特に高彩度色では刺激的な印象になる。

6.1.2 トーンと色彩調和

トーンを手がかりにした配色は「トーン配色」と呼ばれ，「トーン共通の配色」と「トーン対照の配色」に大別される。同一トーン配色は明度差と彩度差が少なく，トーンの持つイメージも同じであるため統一感のある配色となる。p.39のトーンの分類の図で，隣り合う位置関係にあるトーン同士の配色を類似トーン配色という。明度と彩度に共通性があり，イメージにも類似性があるため安定した配色となる。一方で，大きく離れた位置にあるトーン同士の配色は対照トーン配色と呼ばれ，変化のある配色となる（図6.2）。なお，中明度，中彩度のダルトーンやソフトトーンには，大きく離れた位置関係にあるトーンが存在しないため，対照トーン配色を作ることが難しい。このように，トーンの持つイメージを利用して，類似性・対照性のある色彩調和を容易に作ることができるのが特徴である。

図 6.2　PCCSの類似トーン配色（左）と対照トーン配色（右）

6.2　ムーン-スペンサーの色彩調和論

6.2.1　配色の調和と不調和

1944年，アメリカの色彩学者ムーンとスペンサーは，色彩調和を数値的な関係でとらえ，数多くの実験に基づいて客観的な色彩調和論を発表した。彼らは，すべての2色配色は調和と不調和のいずれかに分けることができ，調和配色は快の感情を，不調和配色は不快の感情を与えると考えた（図6.3）。そして，色彩調和が成立する以下の2つの仮説を立てた。
① 2つの色の差が曖昧でないこと
② オメガ空間（知覚的等歩度性を持つ色空間）での位置関係が，単純な幾何学的関係にあるような配色であること

調和と不調和の関係をマンセルシステムの三属性で説明したものが表6.1と図6.4である。色相差，明度差，彩度差が同一，類似，あるいは対比のときは調和し，その他の場合は不調和となると定義している。

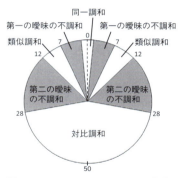

図 6.3　ムーン-スペンサーの色相における調和・不調和領域（数字はマンセルシステムの色相差）

表 6.1　ムーン-スペンサーの調和・不調和領域とマンセル値

領域	色相差	明度差	彩度差
同一調和	0〜1 j.n.d.	0〜1 j.n.d.	0〜1 j.n.d.
第一の曖昧の不調和	1 j.n.d.〜7	1 j.n.d.〜0.5	1 j.n.d.〜3
類似調和	7〜12	0.5〜1.5	3〜5
第二の曖昧の不調和	12〜28	1.5〜2.5	5〜7
対比調和	28〜50	2.5以上	7以上
眩輝	—	—	—

j.n.d.（just noticeable difference）：色違いの見分けができる最小値のこと

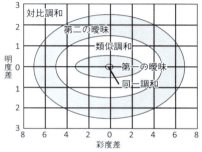

図 6.4　明度・彩度とムーン-スペンサーの調和・不調和領域

6.2.2 配色の美度

数学者バークホフが提唱した「美度」の公式を色彩調和に当てはめ，配色の美しさを数値で表す以下の方程式を提案した。美度 M は「秩序の要素」と「複雑さの要素」の比で表され，M が 0.5 以上を調和，それ以下を不調和と判定した。

$$美度\ M = \frac{秩序の要素\ O}{複雑さの要素\ C}$$

ここで，

$O=$ 色相の美的係数＋明度の美的係数＋彩度の美的係数
$C=$ 色数＋色相差のある組み合わせの数＋明度差のある組み合わせの数＋彩度差の組み合わせの数

例として，同じ面積を持つ 2 色配色 5R4/12 と 5R7/8 では，

$$M = \frac{1.5 + 3.7 + 0.1}{2 + 0 + 1 + 1} > 0.5$$

となる。

表 6.2 美的係数

区分	色相	明度	彩度	灰色
同一	1.5	−1.3	0.8	1.0
第一の曖昧	0	−1.0	0	
類似	1.1	0.7	0.1	
第二の曖昧	0.65	−0.20	0.0	
対比	1.7	3.7	0.4	
眩輝		−2.0		

※無彩色同士の色相の美的係数は 1.0 とする。
※無彩色と有彩色の間に色相差はないものとする。

美的係数は表 6.2 に示すとおりである。美度 M が 0.5 以上で調和，以下を不調和と判定する。

ムーン−スペンサーはこの他に，色の面積と色彩調和の関係についても述べているが，これらの法則は，色の連想，心理的効果，実際の物への適合性や色の嗜好性などは除外することを前提としている。

6.3 オストワルトの色彩調和論

6.3.1 色相における調和

オストワルトは色相（5 章図 5.15）における調和を類似色相調和，異色調和，反対色の調和の 3 つに分類した。類似調和は色相差が 2 から 4（例：3ea−6ea），異色調和は色相差が 6 または 8（例：8na−14na），反対色の調和は，色相差が 12（例：2ni−14ni），つまり色相環の対向位置にある補色色相の調和である。

6.3.2 等色相三角形における調和

オストワルトの色立体の垂直断面は，等色相三角形と呼ばれる。

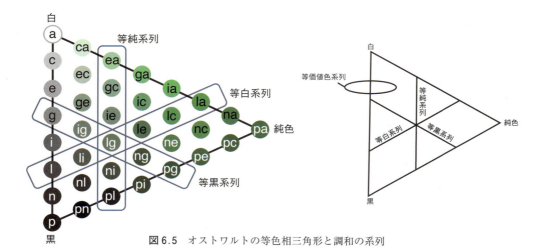

図 6.5 オストワルトの等色相三角形と調和の系列

彼はこの中で規則的に結ばれる位置にある色同士は調和すると考えた（図6.5，図6.6）。調和の系列は複数あるが，代表的なものに，等白系列，等黒系列，等純系列，等価値色系列がある。等価値色系列とは，純色量，黒色量，白色量が同じで，色相違いの色の系列のことで，オストワルトの色立体の水平断面上の系列である。また，これらの系列において，3色以上が連続すると調和した配色が生まれるとされている。

オストワルト表色系は1942年に「カラーハーモニーマニュアル」という色票として刊行され，実用性の高い色票として用いられた。1950年代には改良されてドイツ工業規格となり，1970年代には近似した形でNCS（ナチュラルカラーシステム）となって引き継がれている。

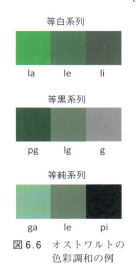

図6.6 オストワルトの色彩調和の例

6.4　ルードの色彩調和論

ルードはアメリカの自然科学者である。彼は1879年に著書『現代色彩学』において，「兵士の緋色のコートは，陰になっているときには赤色に見え，日向では黄みの赤に見える。日光に包まれた草の葉は，黄みの緑に，日蔭では青みの緑に見える。しかし，これらの場合，どちらも不快な効果を生むものではない。というのは，我々はこれらの物体がさらされているような照明光の自然の帰結としてそれらの色を見ているからである。」と述べている。彼はまた，絵の具の色を用いてそれぞれの色が持つ明度を比較した。具体的には，黄色の明度がもっとも高く，それに隣接するオレンジや黄緑などといった色は黄色よりも明度が低く，その後は黄色から遠ざかるごとに明度が低くなっていき，黄色と最もかけ離れた青紫が最も明度が低くなることを指摘した。ルードはこれを「色相の自然連鎖」と呼んだ。このような法則に従った色彩調和を「ナチュラルハーモニー」という。

図6.7のように，木の葉が日光に当たっている様子を観察すると，ルードが指摘したとおり，日の当たっている部分は明度が高いだけでなく，色相がやや黄みを帯び，日蔭の部分は明度が低いと同時にやや青みを帯びていることがわかる。このように自然界の光によって見られる色相の関係を色相の自然連鎖といい，見慣れているために調和して見える。これを「見慣れの原理」といい，このような配色にすると違和感のない配色となる。ルードの考えは現在の色彩調和論において重要な原理の一つとなっており，日本色研配色体系の基本原理にもなっている。

逆に，黄色に近い色相の色の明度を低く，青紫に近い色相の色の明度を高くする配色を「コンプレックスハーモニー」という。普段見慣れないために違和感を感じるが，新鮮な配色にもなることから「不調和の調和」とも呼ばれる。

図6.7 色相の自然連鎖の例

6.5 ジャッドの色彩調和論

アメリカの色彩学者のジャッドは，1955年に過去の様々な色彩調和論に共通する原理をまとめた論文を発表し，「産業とビジネスのための応用色彩学」を著した。彼は「色彩調和は，好き嫌いの問題であり，情緒反応は人によって異なり，また，同一人でも時によって異なる。我々は古い配色に飽きて，どんな変化も好ましく思うことがよくある。また一方，もともと無関心であった色の配色をたびたび見ているうちに，好ましく思うこともある。」と述べたうえで，4つの原理を指摘している。

6.5.1 秩序の原理

オストワルトの「調和は秩序に等しい」という原理は欧米ではもっとも高く評価されてきた原理であったとされる。マンセル表色系のように，知覚的に等間隔になるように作られた色空間から単純な幾何学的関係によって選ばれた色同士は調和する，という考え方である。色相環の対向位置にある2色を直線で結ぶ補色の関係や，正三角形や正方形などの位置関係にある色同士は調和する。図6.8は秩序の原理を用いた配色の例である。

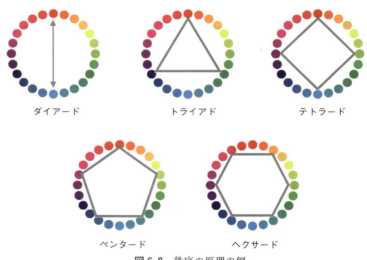

図6.8 秩序の原理の例

6.5.2 親近性の原理

日頃見慣れている配色は調和するという考えである。たとえば，紅葉の色の変化や，太陽による光と影の明暗などが挙げられる。ルードの「ナチュラルハーモニー」がその例である。秩序によって選ばれた配色の中でも，より慣れ親しんでいる配色のほうが好ましく見える（例：図6.9）。

図6.9 親近性の原理

6.5.3 類似性の原理

ジャッドは，ある種の共通性や類似性を持っている配色は調和するとし，ある2つの色が不調和であったら，互いに色を適当に混ぜ合わせると，2色の差が小さくなり，共通性が認められるようになって不調和でなくなると述べている。共通性の要素としては，色相，明度，彩度などがあるが，いずれかの要素を統一すると調和しやすくなる（例：図6.10）。オストワルト表色系で白色量，黒色量，純色量の比率を統一した配色も類似性の原理に当てはまる。

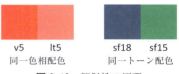

図6.10　類似性の原理

6.5.4 明白性の原理

互いの色が曖昧でなく，明白な配色は調和するという考えである。ムーン-スペンサーの色彩調和の理論である。図6.11は，無彩色と有彩色という明度と彩度に大きな差がある配色である。ユニフォームのボーダー柄にみられるような有彩色と無彩色の組み合わせや黒と白のような対比的な2色の組み合わせのビコロール配色や，フランスやイタリアの国旗にもみられるトリコロール配色は明白性の原理に基づく配色の一例である。特に明度差がある程度大きいと明白な配色になる。

ジャッドは20世紀アメリカ色彩学界の中心人物であり，現代色彩学の発展に大きく貢献した。彼の考えは現在でもデザインなどの実務的な場面で通用するものである。

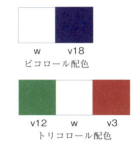

図6.11　明白性の原理

参考文献

1) 加藤雪枝，石原久代，中川早苗，橋本令子，寺田純子，雨宮勇，高木節子，大野庸子：新版生活の色彩学，朝倉書店，2001
2) 小町谷朝生：色彩学，日本女子大学通信教育部，1989
3) 千々岩英彰：色彩学概説，東京大学出版会，2009
4) 北畠耀：色彩学貴重書図説，社団法人日本塗料工業会，2006
5) 福田邦夫：色彩調和論，朝倉書店，2001
6) 福田邦夫：カラーハーモニー，青娥書房，2011
7) 東京工業会議所編：カラーコーディネーションの実際 第1分野ファッション色彩，東京商工会議所，2014
8) 東京商工会議所編：カラーコーディネーター検定試験公式テキスト2級，東京商工会議所，2012
9) 東京商工会議所編：カラーコーディネーター検定試験公式テキスト3級，東京商工会議所，2013
10) 色彩検定協会監修：色彩検定公式テキスト1級，A・F・T企画，2017
11) 色彩検定協会監修：色彩検定公式テキスト2級，A・F・T企画，2017
12) 色彩検定協会監修：色彩検定公式テキスト3級，A・F・T企画，2018

6.6　配色技法

よい配色とは，2つの条件を満たしたものと考える。1つは美しく快いこと，もう1つは目的としたイメージやコンセプトを的確に表現していることである。この節では，代表的な配色手法の用語を

紹介した後，美しく快い配色を作るための独自の6つの基本テクニックと配色センスアップの方法，配色イメージスケールを紹介する。

6.6.1 代表的な配色手法の用語

はじめに代表的な配色手法の用語について紹介する。

1) トーンオントーン配色（tone on tone）

同一色相や類似色相を使い，色相に統一感を持たせ，トーンによって変化を付けた配色のことである。

2) トーンイントーン配色（tone in tone）

同一トーンや類似トーンを使い，トーンに統一感を持たせ，色相によって変化を付けた配色のことである。

3) カマイユ配色（camaieu）

単色画（フランス語でカマイユ）のように同一色相に揃えて，明度および彩度の微妙な変化を持たせた配色のことである。

4) フォカマイユ配色（faux camaieu）

フォはフランス語で偽のという意味である。カマイユ配色に対し，隣接色相や類似色相などわずかに異なる色相によって，明度および彩度の微妙な変化を持たせた配色のことである。

5) ドミナントカラー配色（dominant color）

ドミナントとは支配的な，優勢なという意味で，それにカラーを加えた場合は，色相に共通性を持たせて多数の色を調和させる方法のことである。

6) ドミナントトーン配色（dominant tone）

トーンに統一感を持たせて多色の色を調和させる方法のことである。

6.6.2 HUE & TONE システム

これから紹介する6つの配色テクニックは，マンセルシステムに基づいた㈱日本カラーデザイン研究所（以降略称NCD）のHUE & TONEシステムの理解が必要なので，最初にそのシステムを説明する（図6.12）。

マンセルシステムは色相，明度，彩度の三属性で色を表示するため，色の伝達や管理には優れているが，配色やデザインには使いにくい面がある。HUE & TONEシステムはマンセルの基本10色相はそのまま，明度と彩度を色調＝トーンとしてまとめ，2次元化した仕組みである。どの色相でも同じトーンであれば同じイメージ表現が可能なように作られている。トーンはPCCSでも使われており，記号の位置や名称が若干違うが概念は近い。ただし，PCCSは色相の取り方が独自で

NCDの配色手法における色相の関係

同一色相は同じ色相，類似色相は隣の色相，反対色相は補色をはさんで左右2色相の計5色相を指す。

図6.12 HUE & TONE システム（日本カラーデザイン研究所「カラーレッスンベーシック」より）

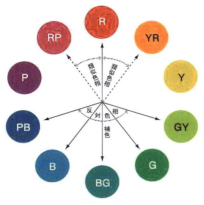

図6.13 10色相環と色相の関係（日本カラーデザイン研究所「カラーレッスンベーシック」より）

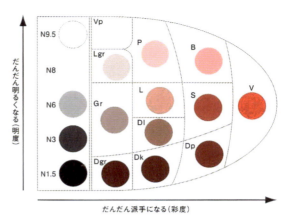

図6.14 トーン図（日本カラーデザイン研究所「カラーレッスンベーシック」より）

マンセルシステムとの互換性はない。

HUE & TONE システムは10色相×12トーンの有彩色120色と無彩色10色の合計130色で成り立っている。一覧表と色相，トーン図を図6.12～図6.14に示す。

6.6.3 基本となる6つの配色テクニック

印象，システム，並べ方の3つの視点で配色を分け，それぞれの中に反対の手法があるため，基本テクニックは以下の6種類となる（表6.3）。

表6.3 配色テクニック一覧

配色テクニック		方法と効果
印象で分ける	まとまり	・同一色相か類似色相でまとめる ・近いトーンでまとめコントラストを付けない ・穏やか，上品，静的なイメージ
	きわだち	・反対色相を使う ・離れたトーンを組み合わせトーンのコントラストを付ける ・スポーティー，強い，動的なイメージ
システムで分ける	トーン配色	・色相を絞り濃淡の効果を出して配色する ・すっきり，理知的なイメージ
	色相配色	・多色相でカラフルに配色する ・豊か，華やか，楽しいイメージ
並べ方で分ける	グラデーション	・漸変といって，ある秩序にのっとり並べる ・明度順，色相順など，色を順番に変化させる ・デリケート，繊細なイメージ
	セパレーション	・分離といって，異質なものを挟んで並べる ・白で抜く，黒で引き締める，反対色を差し込む ・注視性が高く，めりはりがあるイメージ

1) 印象で分ける

配色の印象がまとまり感のあるイメージかきわだち感のあるイメージかで分類する方法で，2色配色から使えるテクニックである。

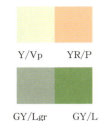

図 6.15　まとまりの配色例

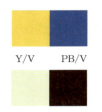

図 6.16　きわだちの配色例

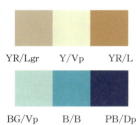

図 6.17　トーン配色の例

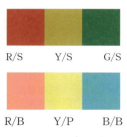

図 6.18　色相配色の例

まとまり　一般的に同系色といわれる同一色相か類似色相を使い，近いトーンでコントラストを付けずにまとめるのが基本である（図 6.15）。清色同士，濁色同士だとまとまりやすく，インパクトが強い高彩度色は避けた方が賢明である。無彩色の場合は，デリケートな明度差で配色する。ベースカラーを作る場合の重要なテクニックで，穏やかな，上品な，静かなというイメージ表現に向いている。

きわだち　一般的に反対色といわれる反対色相を使い，離れたトーンでコントラストを付けてきわだたせるのが基本である。高彩度の清色を使うと効果的で，反対色相でも Gr トーンのような低彩度色では効果がないため，あえて低彩度色を使う場合は明度差をつけることがポイントである。無彩色の場合は，白黒のハイコントラストが代表である。この配色では異質な色を組み合わせるため，注視性が高まり目立つ。スポーティーな，動的な，生き生きしたというイメージ表現に向いている。

2）　カラーシステムで分ける

HUE & TONE システム（図 6.12 参照）で，縦方向に色を取るか，横方向に色を取るかの違いで分類する方法で，3 色配色から使えるテクニックである。

トーン配色　色相を同一か類似までの範囲に絞って，濃淡の効果を活かして配色する方法である（図 6.17）。同系色のまとまりの2 色配色に，さらに同じ系統の色を加えて 3 色配色にしていくと考えるとよい。ただし，まとまりの配色ではトーンの差をあまり付けなかったのに対し，トーン配色ではコントラスト感の大小は問わない。心地よい明度差ですっきり見せることが重要である。ピンク系，ブルー系といった色相を基準とした考え方に加え，無彩色の濃淡による墨絵の世界もこのテクニックのグループに入る。3 色配色の場合，すべて同一色相で配色すると単調な印象になるので，類似色相を1 色加えると奥行やニュアンスが出る。すっきりとした，理知的な，落ち着いたというイメージを表現しやすい。ベースカラーを作るときには必須の配色手法で，トーンオントーンと近い手法である。

色相配色　多色相でカラフルに配色する方法である。反対色のきわだちの 2 色配色に，さらに別の色相を加えて 3 色配色を作っていくイメージで考えるとよい（図 6.18）。多色感を出すためには，高彩度色を使った方が効果的だが，使うトーンによって配色の印象が変化する。V や B トーンの高彩度の清色を使うとカジュアルな印象に，S や Dp トーンの高彩度の濁色を使うとゴージャスな印象に，彩度を抑えた Lgr や L トーンでは和風の雅な印象となる。3 色配色から使えるテクニックだが，5 色以上の多色配色で特に効果的である。3 色配色ではすべて色系統を変えたいが，多色配色の場合は，無彩色を 1 色入れるとすっきり見える。色相配色は，豊かな，華やかな，楽しい，円熟味のあるというイメージを表現しやすい。トーンイントーンではなく，高彩度色を使ったドミナントトーン配色に

概念は近い。

3) 並べ方で分ける

並べ方の違いによる分類で，3色配色から使えるテクニックである。悪い配色の1つが明度差のない，つぶれて見える配色（次ページ図6.23参照）。この2つのテクニックのどちらかを使うことで，つぶれた配色を回避できる。

グラデーション（漸変）　明度順や色相順などのように，ある秩序をもって順番に色を並べる方法である（図6.19）。色相もトーンも変化させていく方法もある。色があるルールにのっとって順番に並ぶと，見た目に心地よく美しく見える。

虹の七色のように色相順に並べていくグラデーションは，色鉛筆や絵の具，タオルやTシャツなどの色物のディスプレイでよく使われる手法だが，基本は明度順に並べるグラデーションをマスターしたい。3色配色の場合，明るい色から暗い色へ，または暗い色から明るい色へと並べればよいが，多色配色の場合は，並べ方のバリエーションは多様である。ただし，隣同士の色の明度差のステップが揃っていないと美しくないので，やや難度の高いテクニックともいえよう。微妙な色の変化が特徴なので，繊細な，奥ゆかしい，穏やかなといったイメージを表現しやすい。

セパレーション（分離）　暗〜明〜暗，明〜暗〜明のように明度を大きく変化させる配色である（図6.20）。反対色相を使って対比効果を出して配色する方法もある。赤と青を白で分離するフランス国旗のトリコロール配色が代表的だが，あいまいな明度の色同士の間に，黒を入れて分離する方法もある。わかりやすい白や黒だけでなく，2色の間に明るさの違う色を差し込むことで，同じ効果が得られる。ボーダーやストライプもセパレーションの一種と捉えられる。すっきりした，スポーティーな，動的なといったイメージを表現しやすい。一般的にセパレーションはめりはりを付けるためのテクニックだが，コントラストを控え目にすれば，もう少し穏やかな印象となる。

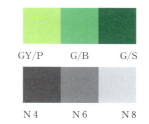

図6.19　グラデーション配色の例

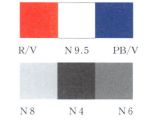

図6.20　セパレーション配色の例

6.6.4　配色センスアップのポイント

6つのテクニックは2色，3色，5色などの同面積の配色を考える際の基本だが，より具体的なモノや場面で，よい配色を作り，センスよく見せるための応用的なポイントをあげる。

1)　ベース（基調）を作る

トーン配色を使うことが基本である（図6.21）。たとえば，インテリア空間では内装のベースをアイボリー，ベージュ，ブラウン系の同系色とし，後から入る家具やカーテンに別の色相を使ってアクセントを付けるという方法である。黒いタキシードに赤いバラの花は映えるが，多色の柄物のシャツでは赤い花はそれほど目立たない。つまり，ベースは無彩色や同系色にするのが鉄則といえよう。

面積比を考えることも重要である。9：1，8：2，7：3というよう

図6.21　トーン配色の例

図 6.22　ベース（基調）の例
クリスマスツリーは深緑のベースに少量の赤のアクセント。下に敷いたファブリックやフォトフレームの写真にも赤を使い、カラーリンケージされている。

に、ベースとなる色の面積比を大きく、アクセントカラーは小さくし、主従をつけることが望ましい。たとえば、赤と緑の反対色をトップスとボトムスに同面積で使うとセンスよく見えないが、赤をワンピースに、緑を小物に変えると、面積比が変わるため、それほどひどい印象にはならないだろう。クリスマスツリーは、暗いトーンのモミの木の緑をベースとし、そこに鮮やかな赤いオーナメントを飾ることでアクセントとなり、華やかな印象が生まれているのである（図 6.22）。

2）トーン感覚を出す＝明度差を意識する

悪い配色は明度が同じ配色である。一つ一つの色を変えているつもりでも、配色になったときには同じ色に見えている状態で、これを配色がつぶれているという。美しく快い配色の基本は明度差がつき、トーン感覚が表現されている。そのための方法として、グラデーションかセパレーションか、どちらかの並べ方にすることを意識したい（図 6.23）。

図 6.23　トーン差を活かすためのグラデーションとセパレーション（日本カラーデザイン研究所「カラーレッスンベーシック」より）

また、トーン図（図 6.24）を使って考えるのも理解しやすい。トーンは明度と彩度で成り立っているが、縦方向が明度、横方向が彩度である。明度差を付けるには、縦もしくは斜め方向（高明度低彩度から低明度にいくに従って彩度を出す）に色を取ることを意識したい。横方向に色を取ると、彩度は変わるが明度が同じなので、すっきり見えないだけでなく、派手な色と地味な色が混在するため、地味な色が汚く見えてしまう。

トーン感覚が出ているかどうかを確認するには、カラーを白黒に変換してみるとよい。白黒で美しく見えるものは、明度差がきちんと表現されているためカラーでも美しい。逆にカラーで美しく見えないものは白黒でも美しく見えない。

視認性、可読性を高めるのも地色と文字色の明度差である。明度差を活かすことはカラーユニバーサルデザインという視点でも重要なポイントである。

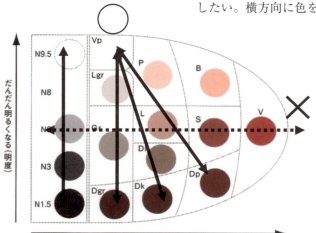

図 6.24　トーン図での色の取り方（日本カラーデザイン研究所「カラーレッスンベーシック」を基に作成）

3) カラーリンケージ＝色のしりとり

カラーリンケージとは，色のしりとりを意味し，使う色の色系統を絞り，色を関連付けながら使っていくというものである。たくさんのアイテムを同時に使う場合には知っておきたい必須のテクニックである。テーマカラーを決め，その色の系統を繰り返し使うことで，トーンの変化を楽しみながら，すっきりとセンスよくまとめることができる（図6.25，6.26）。

方法の一つが柄物の中の色を無地に展開する方法である。たとえば，柄物のブラウスの一つの系統の色をアクセサリーの色として使う，ネクタイの柄の1色を無地のポケットチーフの色として使うといえばわかりやすいだろう。テーブルコーディネートでは柄の皿の色をナプキンとクロスに使う，インテリアでは柄物の壁紙の色を，ソファの上のクッションで展開するというのもこの手法である。多色感を保ちながら，センスよくすっきり見せる。

また，使う色系統は最大でも3系統以内が望ましい。色相の系統は絞っても，濃淡の幅は広く取ることができるので単調にはなりにくい。水色，ウルトラマリンブルー，紺色というブルー系の濃淡だけでまとめると，トーン配色と同じ意味の1系統の配色だが，そこにイエロー系の濃淡を加えて2系統，さらにピンク系の濃淡を加えると3系統となる。色系統が多いほどカジュアル感が出るので，たとえば子ども部屋は3系統まで，リビングは2系統までにとどめると，今の時代にあったコーディネートが可能となる。

4) 清色と濁色を使い分ける

清色は澄んだ感じのきれいな色，濁色は濁りみのある穏やかな色である。それぞれ表現できるイメージが大きく異なるため，極端に清濁の感覚の違う色は混在させない方が望ましい（図6.27）。

清色は純白，パステルピンク，クリーム，スカイブルー，ビビッドな赤，黄，青などが代表的で，クリア感，清潔感，若々しさ，カジュアル感を訴求し，色の美しさを訴えたいときに効果的である。一方，濁色はグレー，ベージュ，モスグリーン，えんじ，茶色，紺色などで，シックさ，上質感，アダルト感，高級感を訴求し，質感を訴えたいときに効果的である。

同じピンクやラベンダーでも，清色を使うとロマンチック，濁色を使うとエレガントなイメージとなる。清濁を混在させると，濁色が汚く見え，かつどちらつかずとなる。このように清色，濁色は配色のコンセプトと密接に結び付いているので，意識して使い分けたい。

図6.25 カラーリンケージ事例1
花見をテーマとしたテーブルコーディネート。桜の淡いピンクをナプキンに，幹のグレー系をテーブルクロスとお皿に，葉の緑色を皿の上のアクセントに使っている。黒の漆のプレートがテーブルクロスと皿をセパレーションし，トーン感覚を出している。壁の絵も同じ系統の色が使われている。

図6.26 カラーリンケージ事例2
小花柄のプレートを使ったディスプレイ。花の黄色と葉の緑色をそれぞれランチョンマットやナプキンの無地色として使い，ディスプレイの植物も同じ色系統を使っている。

図6.27 清色と濁色の使い分け（日本カラーデザイン研究所「カラーレッスンベーシック」より）

6.6.5 カラーイメージスケール

よい配色をつくるための2つ目のポイントは，目的としたイメージやコンセプトを的確に表現していることである。そのための便利なツールとして，カラーイメージスケールを紹介したい。

色の好き嫌いには個人差があるが，色に対して抱くイメージは万人に共通の感覚がある。そのイメージの共通感覚を心理学的研究の蓄積で明らかにしたのが，カラーイメージスケールである。開発した㈱日本カラーデザイン研究所がパテントを取り，広く産業界で使われている。

基本のイメージスケールは，イメージの判断基準であるWARM-COOL（あたたかい-つめたい），SOFT-HARD（やわらかい-かたい）の座標軸上に単色，形容詞を表現した配色が配置されている。本来は第3軸としてCLEAR-GRAYISH（すんだ-にごった）の軸があり，3次元のイメージ空間となっているが，通常2軸が使われている。

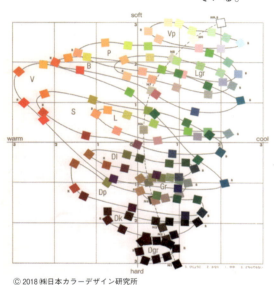

© 2018 ㈱日本カラーデザイン研究所

図 6.28 単色イメージスケール

単色イメージスケール（図6.28）は，HUE & TONEシステムの130色がプロットされている。WARM方向には暖色系，COOL方向には寒色系，SOFT方向には淡いトーン，HARD方向には暗いトーンが分布し，スケール上で位置の近い色同士はイメージが似ており，遠いものはイメージが異なることを意味する。

配色イメージスケール（図6.29）は，単色では表現できない部分をカバーし，スケール全体に広がるよう代表的な配色を表示したもので，現在は基本となる13イメージに3イメージを加えてゾーニングされている。

言語イメージスケール（図6.30）は，180語の形容詞をスケール上にプロットしている。

3種類のスケールは，言葉と色に等価性があるため，コンセプトが決まると，どんな単色，どんな配色がふさわしいかが瞬時にわかる仕組みとなっている。配色イメージスケールはコンセプトにふさわしい配色を作る際の便利なツールである。

参考・引用文献

1) 東京商工会議所編：カラーコーディネーター検定試験2級公式テキスト，東京商工会議所，2012
2) 日本カラーデザイン研究所：カラーレッスンベーシック
3) 日本カラーデザイン研究所：セミナーテキスト
4) 小林重順編，佐藤勝一，杉山朗子，滝沢真美，田村真知子，堀口勢津子，岩松桂著：色感素養―カラー＆イメージトレーニング100のポイント，ダヴィッド社，1995
5) 日本カラーデザイン研究所編，小林重順著：配色イメージワーク，講談社，1995

6.6 配色技法

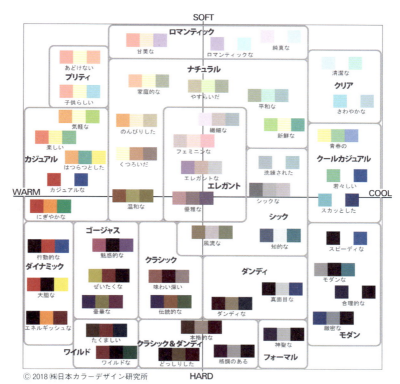

図 6.29　3色配色イメージスケール

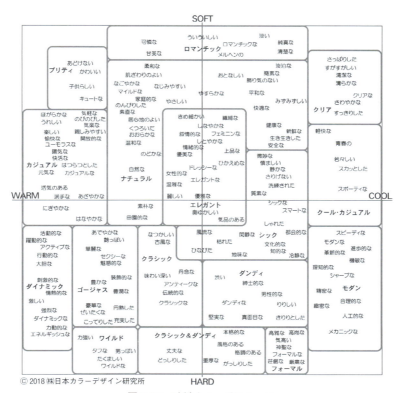

図 6.30　言語イメージスケール

7 色の心理的効果

　私たちが色を見るとき，その組み合わせや周囲の色などの影響を受けて色の感じ方，見え方が変わる。また一方で，赤からは暖かさ，青からは冷たさを感じる。これは色感覚や色知覚として反応するだけでなく，色の心理的な感情効果といわれるもので，ほとんどの人に共通して反応する客観的な感情である。この感情を固有感情という。

　また，快い色，不快な色，好きな色，嫌いな色などといったものは，年齢や性別，ライフスタイル，生活環境により生じる主観的な感情で，個々の価値判断が異なるため個人差が大きい。この感情を情緒感情という。

　色の持つ働きとは，こうした局面が互いにからみ合って総合的に判断される。

　この章では，色の知覚効果と色の感情について，日常経験しているいくつかの色の現象をとりあげ，色の好みについては日本とアジアの比較調査を紹介し，嗜好色形成の背景について解説する。

7.1 色の働き

a. 識別性

　日常生活において色を区別できない状況になったとき，交通信号や安全標識の色が識別できず安全に通行することができなくなる。また，食品の色や鮮度もよくわからなくなり，新鮮なのか腐っているか判断に困るといったことが起きる。これらの例から，色が安全性の確保に大きな役割を果たしていることがよくわかる。このような対象物の"区別"と"認識のしやすさ"を「識別性」という。たとえば，蛇口（水と湯），交通路全図や地図の色分け（図7.1），各種薬物反応の判定（リトマス試験紙），電気部品や配線などがあげ

左（赤）に倒すと湯，右（青）に倒すと水が出る

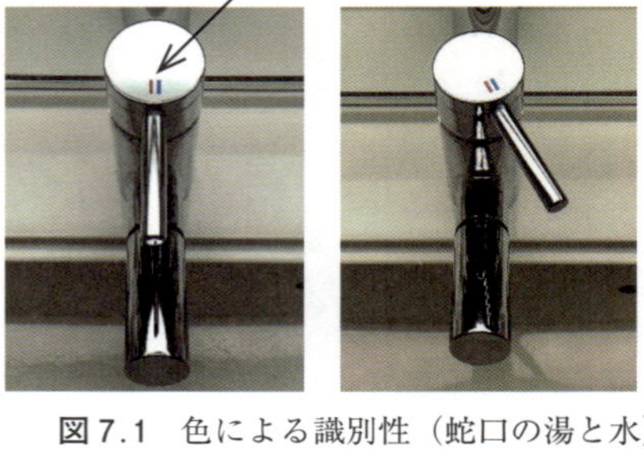

図7.1　色による識別性（蛇口の湯と水）

7.1 色の働き

表7.1 安全色及び対比色の色度座標の範囲, 輝度率及び基準色 (JIS Z 9103:2018)

色の種類	マンセル記号	色度座標 x	色度座標 y	輝度
赤	8.75R5/12	0.613	0.325	0.12
黄赤	5YR6.5/14	0.549	0.398	0.29
黄	7.5Y8/12	0.481	0.475	0.57
緑	5G5.5/10	0.187	0.412	0.12
青	2.5PB4.5/10	0.169	0.188	0.09
赤紫	10P4/10	0.375	0.225	0.12
白	N9.3	0.313	0.329	0.88
黒	N1.5	0.313	0.329	0.01

安全色
　安全を図るための意味を備えた特別の属性を持つ色 (赤・黄赤・黄・緑・青・赤紫)。

対比色
　安全色をさらに目立たせるために, 安全色の対照となる色 (白・黒)。

られる。工業製品に関する安全標識や各種交通安全にかかわる色は, 安全色 (JIS Z 9103:2018) を使用している (表7.1)。識別性を高めるには, 隣接する色同士の色相差と明度差を大きく, また, 色から受ける連想と対象の性質が合致することが望ましい。

b. 視認性・可読性・明視性

　通常は視野の中に対象がただ1つ存在することはまれである。対象物を発見しようとして, その出現が予想されそうな方向に注意が向けられている場合の「対象物の存在の発見されやすさ」を視認性という。また, 図柄色をある背景に置いたとき, どれくらいの距離のところまで, その色として認識できるかの距離を視認距離という。視認距離が大きいほどその色はその背景では目立つ色であることを表しており, 視認性が高い配色といえる。視認性を高めるには, 配色と使用される色同士の色相差, 明度差, 彩度差が影響する。特に, 背景色に対して明度差の大きい色の対象物にすると視認性は高くなる (図7.2)。図7.3は背景が黒及び白における最高彩度の11色の視認性を求めたものである。明度の高い黄は明度の低い黒を背景にすると明度比が大きく視認性が高いが, 明度の高い白を背景にすると視認性が大幅に低下する。

視認性の低い配色　視認性の高い配色

黄色×白色：明度　黒×黄：明度差の
差の小さい配色　大きい配色

図7.2 視認性の例

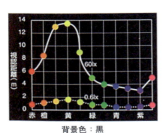

図7.3 純色の視認距離 (近江, 2004)

　次に, 文字や数字の読みやすさを可読性, 図形や記号の読みやすさを明視性といい, 図と地の組み合わせが重要である (図7.4)。可読性・明視性が高い色の組み合わせとしては, (図) 黒－(地) 白, 黒－黄, 白－紫, 白－青, 白－緑, 白－赤が報告されている。

文字が　文字が
単純　　複雑

図7.4 可読性の良い配色の例

c. 誘目性

視野内に複数の（彩色された）対象が存在する場合の「観察者の注意の引かれやすさ，対象の目立ちやすさ」を誘目性という。一般に，無彩色よりも有彩色が誘目性が高く，色相は，緑，青などの寒色系よりも赤，黄赤，黄といった暖色系の色相で誘目性が高い。また，同じ色相では彩度が高いほど誘目性は高く，同一彩度の色の間では明度が高いほど誘目性が高くなる。

純色の誘目性については，地が黒及び灰の場合，黄が最も注意を引きやすく，地が白の場合，赤の誘目性が最も高く，地が黒から白へと変化すると，誘目性が低い青紫や紫の色はあまり順位の変動がない。視認性は図と地の明度差に規定されるのに対して，誘目性は図の彩度が最も主要な要因となる。

また，誘目性は，印象の強さや，どのような状況で出現するかといった奇抜性や独自性，個人の経験や記憶から情動を呼び起こすなどの心理的な影響も受ける。

7.2 色の視覚効果

7.2.1 同時対比

いくつかの色で構成されている配色を同時に見たときに，大面積の誘導色（地の色）と小面積の被誘導色（図の色）との違いが強調されて見える現象が対比である（図7.5）。誘導色と被誘導色の面積比が大きいほどこの効果は大きく，空間的対比ともいう。色相・明度・彩度の対比，補色対比がある。

a. 色相対比

地と図の色の関係で，地の色に対して生理補色（心理補色）にあたる色が誘発されて，それが図の色と混色されることによって，図の色味がズレて見えることをいう（図7.6）。また，地と図の面積比が大きいほど，地と図の色の明度が近似しているほど，色相対比は増大する。

b. 明度対比

地の色と反対方向に図の明度が変化して見える現象である。同じ明度の図でも暗い地では明るく見え，明るい地では暗く見える（図7.7）。

c. 彩度対比

同じ図の色が，周囲の色の状況によって，図の彩度が高く見えたり低く見えたりする現象をいう。彩度の低い地の場合，図は鮮やかに見え，彩度の高い地の場合はくすんで見える（図7.8）。

d. 補色対比

補色による彩度対比のこと。図の色の彩度が元の彩度より高く見える対比をいう。たとえば，赤が背景色の場合，図の青緑に補色の青緑がかぶりより鮮やかに知覚される（図7.9）。

e. 縁辺対比

色の対比現象の一つ。無彩色の明度段階の図上で，各色の境界部

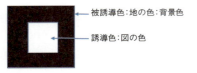

図7.5 対比における図と地の関係

図7.6 色相対比

左：心理補色が緑の赤の中のハートは黄みがかって見える。
右：心理補色が青紫の黄の中では赤みがかる。

図7.7 明度対比

図7.8 彩度対比

図7.9 補色対比

分では隣り合う色の影響を受けて，明るい領域の境界はより明度が高く，暗い領域の境界では明度がより下がって見える（マッハバンド）対比効果である（図7.10）。

f. 色陰現象

地の補色と図の色とが重なって見える現象。たとえば，有彩色を見た後に灰色を見ると灰色が有彩色の補色の色に近接する対比現象の一種である（図7.11）。

g. 面積対比（面積効果）

面積の大小によって，色の明度，彩度が変化して見える現象である。面積が大きくなるにつれて，面積が小さいときよりも明度・彩度が高く見える。逆に面積が小さく（視角1°以下程度）なると，明るい黄や黄緑や灰色は白っぽく，暗い青や青紫や灰は黒っぽく見える（図7.12）。純色の青や青緑は緑に，橙や赤紫はピンクに見え，黄や青は知覚されにくくなる，この色覚の状態を小面積第三色覚異常と呼ぶ。

7.2.2 継時対比

一つの色を見た後で別の色を見ると，前に見た色の影響が残り，単独でみるのとは異なって後の色が見える。このように時間の差によって見える色に生じる現象を継時対比という。

a. 補色残像

色を見るという行為において，視覚器官への直接の刺激が取り除かれても，後に引き続いて見える感覚現象である。たとえば，赤を見つめてから視線を右の点に移すと，赤の補色である緑が数秒間見える現象である（図7.13）。

補色残像が見える理由は神経細胞の疲労によって説明することができる。たとえば，「赤」を見続けていると，その色を感じている神経細胞がその色に順応し（疲労したと言い換えても良い），「赤」への感度低下が起こる。その状態で，白い刺激を提示すると，赤に対する感度が低下している分，反対の緑の感度が相対的に高くなる。そのため，全ての波長の光を含む白い対象が，薄く緑に色づく。

b. 陽性残像・陰性残像

刺激が消えた後も（約1秒），続けて網膜の同一部位にその刺激に対する知覚が残ること。たとえば，夕日などを見つめた後に種々の形・色・明るさの像が残る現象。元の感覚と同質の明るさまたは色相を持つときを正の残像，陽性残像といい，暗闇で車のライトを見た直後，それと同じ明るさが一瞬再生されて感じる。これを負の残像，陰性残像という。

7.2.3 同化現象

「朱に交われば赤くなる」といわれるように，同化現象は色彩対比現象とは反対の効果で，囲まれている色が周囲の色や明るさの影響を受けて，同調を帯びる現象をいう。図7.14は明るさの同化を

図7.10　縁辺対比

図7.11　色陰現象

図7.12　面積効果

図7.13　補色残像

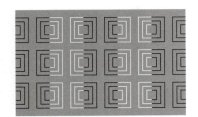

図7.14 同化現象
（日本色彩研究所の原図より作成）

示した例であるが，灰の背景に黒線と白線を引いてみると，白線を引いたところは黒線を引いたところよりも明るい灰に見える。同様に黄の背景に赤線を引くと，黄の背景は赤みがかって見えるようになる。これが色彩の同化である。

同化現象は図柄パターンが細い線分から成立し，その間隔が狭いとき，背景と線分の色相差，明度差が小さいとき，視野を全体として眺めるときに生じやすいといわれる。日常生活において，タイルの張りの目地の色，和服の小紋模様などにみられる。

7.2.4 順応

順応は，生理学的には，一定強度の感覚刺激が持続する場合に，感覚の大きさ，あるいはそれに対応する感覚器の応答時間が時間の経過に伴って変化する現象である。同一の感覚受容器が同じ刺激に連続的にさらされた場合，環境の明るさの変化に対応してよく見えるようになる現象を正の順応といい，逆に応答性が低下する現象を負の順応という。正の順応には暗順応と明順応がある。

a. 暗順応

約 $0.03\ \mathrm{cd/m^2}$ 程度以下の輝度の刺激に対する輝度順応である。明るいところから暗いところへ入った場合，10分ぐらいで目が慣れる。完全に細部まで見えるようになるには30分ほどかかる。この順応過程をアウベルト曲線，暗順応曲線という（図7.15）。これは，網膜上の視細胞である錐状体の順応が早い経過で始まるが10分程度でその進行が止まり，感度は約300倍増加する。続いて，桿状体の順応が遅い経過で始まり，20〜30分後には感度が約100万倍にも増加するためである。このような，暗くなって錐状体が働かなくなり色が見えなくなり，桿状体だけが働く状態を暗所視という。しかし，暗順応の感度や経過には個人差があり，また，順応前の照度や網膜部位によっても異なる。

光覚閾
　光がやっと知覚できる明るさ。

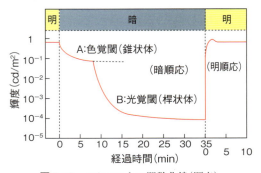

図7.15 アウベルトの関数曲線（順応）

b. 明順応

3 cd/m² 程度以上の輝度の刺激に対する輝度順応である。暗順応の逆の過程が明順応であり，その過程は急速で，暗い状態から明るい状態への差が大きい場合は一時的に盲目状態になることもあるが，明順応の大きな変化は2～3分で起こり，10分程度で完了する。このような明るい場所で明順応して錐状体だけで見ている状況を明所視という（図7.15）。

c. プルキンエ現象

夕暮れなどで周囲が徐々に暗くなると，明所視から暗所視へと変わっていく，このときの状態を薄明視という。まだ少し錐状体が働いており，桿状体が機能し始めるといった，一時的に錐状体と桿状体の両方が働いている状況となる。明所視では錐状体の最大視感度は 555 nm 付近であり，暗所視での桿状体の最大視感度は 507 nm 付近である（4章図4.1）。この暗所視から明所視への移り変わるときの感度変化をプルキンエシフトという。これにより，薄暗くなってくると感度が落ちる長波長側の赤，橙，黄はくすんで見える。それに対して，相対的な感度が高くなる短波長側の色である，青はより明るく鮮やかに見えるようになる。これがプルキンエ現象である。

d. 色順応

白熱電球で照明された部屋へ入った直後は，白い壁は黄赤みを帯びて見えるが，目が光の色に慣れて白く見えるようになることを色順応という。これは，白熱電球が長波長側の赤，黄赤のスペクトルを多く含むため黄赤みを帯びてみえるが，しばらくすると網膜上の錐状体の赤受容器（L錐状体）感度が低下し，相対的に緑，青受容器（M・S錐状体）の感度が高くなるが，この3種類の光受容器が，自然光の下で見るのと同様に感じるよう自動的に感度調節が行われる。これにより，自然光のもとで見えていた色に近い見え方になる。明暗順応は桿状体と錐状体の感度移行が関係しているが，色順応は錐状体の受容器の感度変化が関係している（図7.16）。

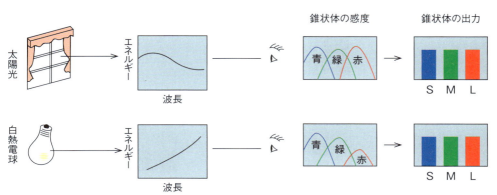

図7.16 色順応の説明図（加藤ほか，2001を改変）

7.2.5 明るさと色の恒常性

a. 明るさの恒常性

光の強度に依存せず，物体表面の明度が一定に知覚される現象である。たとえば，白い紙を太陽光の下と屋内で見たとき，太陽光の下の方が反射する光の物理的強度は高く，屋内で見るより一段と明るく見えるはずである。しかし，白い紙は太陽光の下でも，屋内でも白く知覚される。このように，照明光の照度レベルが変化しても物体の知覚される色がそれほど変化しない現象を明るさの恒常性という。

b. 色の恒常性

照明および観測条件が変化し，感覚的に物体の部分の色変化を知覚しても，物体からの反射光の分光分布が感度調整され，その部分を含む全体状況との相対的関係から，主観的には物体の色があまり変化せず，安定して見える現象のことを色の恒常性という。たとえば，バナナに白色以外の照明をあてた場合や，色フィルターを通して見るなどした場合，最初は照明やフィルターの色が感じられるが，しばらくすると元のバナナの色に見えてくる。この現象は見慣れたものほど強く感じることから（記憶色），特定の固有色を持たない対象は照明の質や強度によっては色の見えは著しく左右される。

記憶色
長期記憶の中に保存されるもので，よく慣れ親しみ知っている対象物の付随した色として記憶された色。例：リンゴ＝赤，バナナ＝黄。

7.2.6 ベゾルト–ブリュッケ現象

同じ波長の光であっても，光の強さが変わると，色相が変化して見える現象をベゾルト–ブリュッケ現象という。図 7.17 は単色光の強さを変化させたとき，同じ色相に見える波長位置を結んだものである。光の強度が高い（明るい）場合は，黄と青に見える波長の範

トロランド（td）
網膜照度を表す単位。

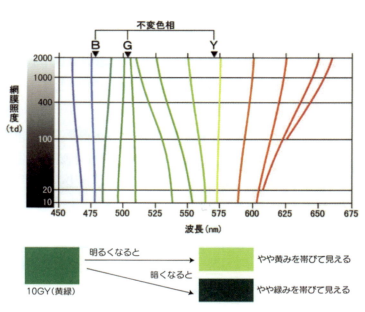

図 7.17　ベゾルト–ブリュッケ現象
輝度変化に伴うスペクトル光の等色相曲線（Purdy, 1937）

囲が広く，逆に強度が弱い（暗い）場合は，赤と緑に見える波長範囲が広くなる。たとえば，橙に見える 600 nm の色光を明るくしていくと，黄みが増大し，遂には橙に見えなくなることもある。この現象による色の変化は，ナチュラルカラーハーモニー（第6章）に見ることができる。ただし，青，緑，黄の曲線がほぼ直線になるところがある。これは強度が変化しても色相が変わらない波長を示しており，不変波長と呼ばれる。パーディの実験では 474 nm（青），506 nm（青緑），571 nm（黄）の3色である。

7.2.7 主観色

無彩色の刺激など本来色覚を生じない物理条件であるにもかかわらず，何らかの色を知覚する現象のことを主観色という。発見者の名前をとって，ベンハムの主観色とも呼ばれる。時間特性に関係した主観色としてベンハムのコマ（Benham's top）がある（図 7.18）。パターン自体は白と黒で描かれているが，この円盤を 6〜10 Hz（回転/秒）で回転させると縞の部分に主観色を生じる。白黒の図形パターンを中心軸の周りに回転させると時計回りの回転では，内側から外側へ向かって，色のスペクトル赤，黄，緑，青の順に有彩色が感じられる。逆回転にすると表れる色の順序も逆になる。

図 7.18　ベンハムのコマ

7.3　色の感情効果

a. 色の寒色と暖色

色の寒暖は色相との関係が深く，次いで明度，彩度は色相に付随した形で現れる。色の三属性と見かけの温度との関係について評価した結果では（千々岩ほか，1963），色相として赤系統の色が暖かく，青系統の色が冷たいとされる。PCCS 色相環では 1：pR〜8：Y を暖色，13：bG〜19：pB を寒色，それ以外の色相を中性色と位置づけている。明度は低いほど暖かく，高いほど冷たいと感じる。彩度は，色相が暖色の赤でも彩度が低下して無彩色に近づくと暖かさが低下する。青では冷たさは比較的変わらないと報告されている。

色の寒暖感に与える影響は，色の共感覚現象の中でも顕著なものである。たとえば各色に着色した同温度の水の中に手を入れて温度感覚を調べると，青の水は冷たく感じる。次に，目を閉じて手の皮膚感覚で判断すると，一貫した結果が得られなかったことから，眼を開けた状態では色を見た瞬間に赤は温かく，青は冷たいと感じるため，色の見かけの温度感が心理に作用していることになる。

また，大山らは色の寒暖と他の感情との相関を調べた。表 7.2 に示すように，「熱い」は「近い」「丸い」「危ない」「騒がしい」「派手な」「嬉しい」「女らしい」「不安定な」という感情と相関があり，人の眼に迫るような，気持ちを興奮させるような感じを与える。一方，「冷たい」は「遠い」「角ばった」「安全な」「静かな」「地味な」「悲しい」「男らしい」「安定した」といった感情と相関があり，人から遠ざかるような，気持ちを沈めるような感じを与える。

共感覚

感覚の受容器で受けとめた刺激に対して，本来の感覚系統以外に属する感覚系統まで反応を引き起こす現象。

表 7.2　「熱い—冷たい」と他尺度との相関（大山，1962）

尺　　度	相関係数
熱　い　—冷たい	—
近　い　—遠　い	0.86
まるい　—角ばった	0.81
危ない　—安全な	0.79
さわがしい—静かな	0.79
派手な　—地味な	0.71
嬉しい　—悲しい	0.70
女らしい　—男らしい	0.66
不安定な　—安定した	0.61

このように色の寒暖と興奮・沈静は関係が深いことがわかる。特に暖色系の高彩度を使用すると興奮効果，寒色系の低彩度を使用すると鎮静効果が現れる。

また，この鎮静・興奮といった効果は生理にも影響があることが報告されており（大森ら，2000），緑から青，紫系にかけての色をみているとき，リラックスした状態のときに現れる脳波のα波の含有率が高くなり，心拍数は減少した。同時に快適性を示す$1/f$揺らぎも緑〜紫系で認められ，色の生理への快適感の影響が明らかとなっている。

b. 進出色と後退色

夜空に光るネオンサインの赤と青の部分を比べると，赤の部分が青に比較して前にあるように感じられる。このように客観的には，目から等距離にあるものが色により，近くに感じたり，遠くに感じたりすることを，色の進出色・後退色という。距離の判断には色相が強く影響し，長波長である暖色系の色（赤，橙，黄）は近くにあるように見え，短波長である寒色系の色（青，青紫）は遠くにあるように感じられる（図7.19）。

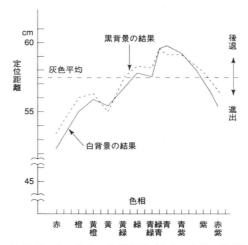

図7.19 色の進出・後退効果（大山・山村，1960）

c. 膨張色と収縮色

実際よりも大きく見える色を膨張色，小さく見える色を収縮色という。膨張色・収縮色といった物体としての心理的感覚には，明度と空間的感覚である進出・後退の色相の影響も加わり，高明度や暖色は大きく，低明度や寒色は小さく見える（図7.20）。また，黒を背景とした白円と，白を背景とした黒円を比較すると，背景黒の白円の方がにじみ出しているように感じ，白円が大きく感じる。このような，光度の高いものが本来占めている面積より大きく見える現象や，背景より明るい色が実際より大きく感じられる現象を光渗という。大山らは，図に同じ大きさの円を用い，図と地になる部分

図7.20 色の膨張色と収縮色
左右に描かれた円は同じ大きさだが，左（白）のほうが大きく感じる。

光渗現象
光度の高いものがそのものの占める実際の面積より大きく感じられる現象。

をさまざまな色で組み合わせた実験で，地の色に対して図となる円の明度が大きくなるにつれて，円の見かけの大きさが増すと報告している。

d. 色の重量感

色の重量感には，明度が最も影響を与え，明度が高い色は軽く，明度が低い色は重く感じる。色の三属性との関係を調べた結果では，明度との相関が高く，見かけの重さ感には明度が彩度の7倍以上影響すると報告されている（図7.21）。

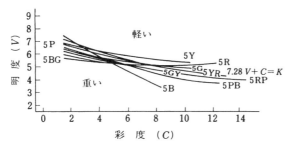

図7.21　色の重量感と色の三属性との関係
（相馬ほか，1963）

e. 色の硬軟感

色の硬軟感は重量感と同様，主として明度が関係し，明るい色は軟かく，暗い色は硬い感じがする。高明度は軟かく，低明度は硬く感じる。塚田（1978）は，明度V6が硬くも軟かくもなく，V4以下は硬い感じが強まる。彩度は中彩度が軟かく，高彩度及び低彩度は硬い感じであり，色相はほとんど影響しないと報告している。しかし，色相や彩度の影響も感じることができ，暖色系は軟かく，寒色系は硬く感じる。また，硬軟感は，物体表面の質感からの印象が強く，無光沢の色は光の反射が乱反射となるので軟かく見え，光沢のある色は正反射となるので硬く見える。

引用・参考文献

1) 近江源太郎：カラーコーディネーターのための色彩心理入門，日本色彩研究所，2004
2) 相馬一郎，千々岩英彰，冨家直：色彩の感情効果の研究(2)．応用心理学会発表論文抄録集，152-153，1963
3) 大山正：色彩心理学入門，中央公論新社，1994
4) 大森正子，橋本令子，加藤雪枝：色彩刺激に対する心理評価と生理反応評価，日本色彩学会誌，**26**（2）：50-63，2002
5) 塚田敢：色彩の美学，紀伊國屋書店，1978
6) 日本色彩学会編：新編色彩科学ハンドブック［第3版］，東京大学出版会，2011

7.4　色の好み

十人十色というように，色の好みは千差万別であるが，男性と女性の違い，年代による違い，地域や国による違い，時代による違い

7 色の心理的効果

などによりその傾向を論じることができる。ここでは，実際の調査データ（図7.22）を使って，現在の日本人全体の嗜好色とアジア4か国の嗜好色の比較について述べる。最後に，嗜好色の簡単な調査方法とパターンの捉え方について紹介し，嗜好色形成の背景を考える。

データ出典

調査期間	2017年11月4日～11日
調査方法	WEBアンケート調査
調査対象	18歳以上の学生，20代～60代男女　計880名（学生男女各40名，20～60代男女各80名）エリアサンプリング　首都圏および京阪神地区
調査内容	図7.22に示した48色のカラーサンプルの中から，好きな色，嫌いな色をマルチアンサー形式で回答させる
調査実施	株式会社日本カラーデザイン研究所が株式会社ルウムに実査委託

図 7.22　調査に使用した48色

7.4.1　日本人の嗜好色

全体の傾向は，ブルー系が5色と最も多く，白，黒を加えて寒色系の人気が高い。清色トーンやはっきりとした印象のカジュアルな色が多い（表7.3）。

1)　性別比較　男性は青，マリンブルー，黒が好まれ，赤，オレンジ，黄などの暖色系のカジュアルな色も10位までに入っている。

女性はスカイブルー，黒，ターコイズが好まれ，ベビーピンク，ピンク，サックス，ラベンダー，ペパーミントのソフトな色が10位までに入っている。

男女で共通しているのは，黒，白の無彩色とスカイブルー，紺の4色である。男性は色相に関係なくカジュアル感のある派手な色を好み，女性はピンクだけでなく，寒色系を含んだソフトな色を好んでいる。一言で違いを表現すると，男性はハード，女性はソフトである（表7.3）。

2)　嫌いな色　全体では色相YR～Yにかけての濁色が多く，マスタード，ペールオリーブ，サンド，こげ茶，カーキと，鉄紺，パープル，ゴールドが共通している。くすんだアースカラーと，ゴージャスなイメージを訴求する色が嫌われている。注目すべきはピンクで，男性のワースト2に入っている色は，女性では嗜好色の5位に入っており，ピンクの受容性は性差が大きいといえる（表7.4）。

7.4 色の好み

表7.3 嗜好色ベスト10

順位		1位	2位	3位	4位	5位	6位	7位	8位	9位	10位
男性		6.青	7.マリンブルー	46.黒	1.赤	14.スカイブルー	5.緑	2.オレンジ	43.白	48.シルバー	3.黄 & 41.紺
	度数	164	142	125	111	99	82	80	79	74	70
	行%	37.3%	32.3%	28.4%	25.2%	22.5%	18.6%	18.2%	18.0%	16.8%	15.9%
女性		14.スカイブルー	46.黒	13.ターコイズ	18.ベビーピンク	17.ピンク	15.サックス	43.白	16.ラベンダー	20.ペパーミント	41.紺
	度数	160	151	145	137	136	131	130	129	127	122
	行%	36.4%	34.3%	33.0%	31.1%	30.9%	29.8%	29.5%	29.3%	28.9%	27.7%
合計		6.青	46.黒	14.スカイブルー	7.マリンブルー	1.赤	43.白	13.ターコイズ	2.オレンジ	41.紺	20.ペパーミント
	度数	285	276	259	253	218	209	205	194	192	179
	行%	32.4%	31.4%	29.4%	28.8%	24.8%	23.8%	23.3%	22.0%	21.8%	20.3%

表7.4 嫌いな色ワースト10

順位		1位	2位	3位	4位	5位	6位	7位	8位	9位	10位
男性		32.マスタード	17.ピンク	24.ペールオリーブ	8.パープル	40.鉄紺	47.ゴールド	31.カーキ	37.こげ茶	26.サンド	38.オリーブ
	度数	69	66	56	51	45	45	41	40	38	38
	行%	15.7%	15.0%	12.7%	11.6%	10.2%	10.2%	9.3%	9.1%	8.6%	8.6%
女性		26.サンド	24.ペールオリーブ	40.鉄紺	32.マスタード	47.ゴールド	8.パープル	9.マゼンタ	37.こげ茶	30.茶	31.カーキ
	度数	65	60	60	59	56	52	50	45	44	43
	行%	14.8%	13.6%	13.6%	13.4%	12.7%	11.8%	11.4%	10.2%	10.0%	9.8%
合計		32.マスタード	24.ペールオリーブ	40.鉄紺	8.パープル	26.サンド	47.ゴールド	17.ピンク	37.こげ茶	9.マゼンタ	31.カーキ
	度数	128	116	105	103	103	101	94	85	84	84
	行%	14.5%	13.2%	11.9%	11.7%	11.7%	11.5%	10.7%	9.7%	9.5%	9.5%

7.4.2 アジア4か国の嗜好色の比較

　男女を合わせた全体でみると，日本人は多色相にわたる鮮やかな色を好み，くすんだアースカラーが嫌われている．この結果は7.4.1で示したものとほぼ同じ傾向である．それに対して，中国は白黒と暖色，タイは寒色，ベトナムは黒と寒色を主に好んでいる．アジア4か国で暗いトーンが共通して嫌われやすいことがわかる（表7.5）．

　性別でみると，中国とベトナムの男性は白黒，タイの男性は寒色系，日本の男性はブルー系と合わせて暖色も出現するなど，各国間において微差があった．しかし，女性は4か国とも明るい清色が共通して好まれていた．

　たとえば日本で好まれるマリンブルーは中国では嫌われ，日本や

表 7.5 アジア 4 カ国の好きな色, 嫌いな色

順位	好きな色					嫌いな色				
	1位	2位	3位	4位	5位	1位	2位	3位	4位	5位
日本	15.サックス	2.オレンジ	7.マリンブルー	1.赤&14.スカイブルー&16.ラベンダー		31.カーキ	38.オリーブ	27.グレイッシュブラウン	26.サンド	24.ペールオリーブ
%	56.3%		47.1%		43.7%	42.7%	32.9%	26.8%		25.6%
中国	43.白	46.黒	12.クリーム	1.赤	16.ラベンダー	40.鉄紺	32.マスタード	41.紺	28.グレイッシュブルー	7.マリンブルー
%	43.8%	35.0%	32.5%	31.3%	28.8%	30.0%	23.8%		17.5%	11.3%
タイ	13.ターコイズ	14.スカイブルー	4.黄緑	15.サックス	47.ゴールド	46.黒	40.鉄紺	42.ワイン	36.エンジ	31.カーキ1.赤
%	36.9%	28.6%	26.2%		23.8%	19.3%		18.1%	16.9%	15.7%
ベトナム	46.黒	15.サックス	43.白	2.オレンジ	14.スカイブルー	47.ゴールド	3.黄	2.オレンジ	30.茶	9.マゼンタ
%	31.3%	27.5%	26.3%		25.0%	11.7%	16.0%	13.3%		10.7%

データ出典

調査期間　2013年1月～3月
調査方法　調査用紙自記入法　ビジュアルパネル併用
調査対象　日本（男性44名/女性43名）中国（男性40名/女性40名）タイ（男性42名/女性42名）ベトナム（男性40名/女性40名）
調査内容　図1に示した48色のカラーサンプルの中なら、好きな色、嫌いな色をマルチアンサー形式で回答させる
調査実施　株式会社インテージと株式会社日本カラーデザイン研究所共同

ここでのトーン表記はNCDのトーン記号を使用。6.6節「配色技法」参照。

中国が好きな赤はタイで嫌われるというように、同じアジアの国でも違いがある。グローバルマーケティングでは、この微差がとても重要となる。

7.4.3　嗜好色調査の方法

NCDのHUE & TONEシステム（6.6節図6.12）の130色の色紙をバラバラにして、好きな色を10色、嫌いな色を5色選んでもらう。選んだ色をHUE & TONEシステムの上に載せてそのパターンをみるというきわめて簡単な方法である。

好きな色は、その出現パターンで大きく5タイプに分類できる。

①トーンは様々だが、特定の色相に偏りがあるタイプ（たとえば色相でRPとRに集中し、色名レベルではピンク、赤、ワイン、エンジなどが好き）
②色相は様々だが、ある範囲のトーンに集中し偏りがあるタイプ（たとえば明るい清色トーンに集中し、ピンク、クリーム、ターコイズ、ラベンダーなどが好き）
③色相もトーンも限定され、範囲が非常に限定されているタイプ（明るく澄んだブルー系のみが好き）
④赤、アイボリー、ベージュ、ブラウン、紺、白、グレー、黒などのベーシックカラーを多く選んでいるタイプ
⑤パターンが読み取れないマルチタイプ

そして、好きな色を何かの形で身につけたり、所有したりしている場合が多い。たとえば女子大生なら、洋服、化粧ポーチ、スマートフォンのカバー、筆記用具の色を確認させるとよい。好きな色は無意識のうちに使われている。

反対に嫌いな色を確認すると、好きな色のイメージと逆のことが多い。寒色系が好きな人は暖色系が苦手、清色は好きな人は濁色が

苦手というように，嫌いな色を確認することで好きな色の意味を知ることができる。

　嗜好色は親のセンス，地域性，時代性の3つが大きく影響を及ぼす。10代前半～大学生くらいまでの多感な時期に，嗜好色のベースは形成され，その後は，職業や流行などの影響を受けるものの，その人の持っている嗜好のベースは変わらない。子どもの頃は，親が選んだ色を，似合う，可愛いといって身に着けるので，親の嗜好が子供に大きな影響を与える。地域性はどんな地域で育ったかである。冬場に曇天や雪の日が続く日本海側は濁色が，晴れの日が続く太平洋側は清色が美しく見えやすい。この時期に海外で暮らすと，その風土環境の色の影響を受ける。時代性はどんな時代に育ったかである。派手な色に囲まれた高度経済成長期，ソフトなパステルカラーが流行した軽薄短小時代，アースカラーやカーキなどの濁色が流行した自然回帰の時代では，日頃，目にする色が違う。

　このように，好きな色は見慣れた色であることが多い。いろいろな料理を楽しむが，最後はおふくろの味が一番落ち着くと言うのと同じではないだろうか。自分の好きな色を人と比較をして客観的に捉えることは，最終的にはカラーのセンスアップにもつながるのである。

参考文献

1) 小林重順編，佐藤勝一，杉山朗子，滝沢真美，田村真知子，堀口勢津子，岩松桂著：色感素養―カラー＆イメージトレーニング100のポイント，ダヴィッド社，1995

8 色材の基礎

　私たちの暮らしの中にあるほとんどの「もの」には色が付けられており，これらの色付けには，一般的に染料，顔料などの色材が用いられている。19世紀中頃までは植物，動物，鉱物から得られた天然の染料，顔料が色材として利用されてきた。1856年にパーキン（Perkin）が偶然，紫色の塩基性染料「モーブ（mauve）」を発見して以来，今日まで多くの合成染料が開発され，日常生活にかかわる多くのものに合成染料が使われている。ただし，食品や化粧品については天然の色素の使用率が高い。現在用いられている着色剤の用途を表8.1に示した。染料・顔料・色素に区別されるが，実際には染料が圧倒的に多い。

表 8.1　主な着色剤と用途

着色剤		使用例
染料	一般染料，蛍光染料	繊維，紙，皮革，プラスチック
顔料	有機顔料	繊維，紙，化粧品，プラスチック，塗料，印刷インク，ゴム
	無機顔料	ガラス，プラスチック，化粧品，陶磁器，塗料，印刷インク，絵具，合成樹脂，ゴム
色素	一般色素	食品，化粧品，文具，写真
	機能性色素	エレクトロニクス関連領域

8.1　染　料

　染料は主に糸や布，紙などを着色するのに用いられる着色剤である。その多くは水や油，あるいはアルコールなどに溶け，布地や糸などの繊維に分子レベルで結合することによって着色する。
　染料は，大きく分けて動植物などの色素を抽出した天然染料と石油などから人工的に作られる合成染料に分類される。

8.1.1　天然染料

　天然染料には植物染料と動物染料がある。植物染料は植物の根や茎，葉，花などを煮出したりして色素を抽出したものであり，茜，蘇芳，紅花，刈安，ウコン，紫根，藍など古くからさまざまな植物が用いられている（図8.1，図8.2）。
　また，動物染料は種類は少ないが，虫や貝の体液などから色素を抽出したものであり，サボテンに寄生するエンジ虫（コチニールカイガラムシ）から得られるコチニールやアッキガイ科のシリアツブリガイの分泌物を染料とした貝紫などが有名である（図8.3）。
　これら天然染料の多くは媒染を必要とする。媒染とは，アルミニ

図 8.1　紫根

図 8.2　刈安

ウム，鉄，銅などの金属イオンによって，天然染料の色素と繊維との結合を強くして繊維に固着させるとともに，発色させることである。同じ染料でも媒染剤が異なると違う色に染まる。また，天然染料による染色物は高彩度の色彩は得られにくく，さらに光や摩擦による染色堅牢度も比較的低い。

図 8.3 コチニール

8.1.2 合成染料

染料の特性は，その化学構造と大きくかかわっており，基本的には白色光が物体表面に入射し，どの波長の可視光が吸収され，どの波長が反射されるかにより色が決まる。

染料の発色については，1876年ドイツのウィット（Witt）により発色団，助色団による説明がなされた。それによると染料はまず潜在的に色を発する構造部分を持つ必要があり，これを発色団といい，発色団を含む芳香族化合物を色原体と呼んだ。一方で吸収波長に影響し，染着性を持たせるために必要な原子団を助色団と呼んだ。その後多くの新しい染料についてこの関係が検討され，色と染料の化学構造が量子化学的に関係づけられたが，ウィットの考えは充分実用に耐え，現在の理論でも説明できるものである。染料の化学構造は一般に複雑に見える。しかし，その構造を各部分に分けて，機能を理解するとわかりやすい。染料の分類にはいくつかの方法があるが，染色方法，素材との関連から分類したものがよく用いられるため，ここでは表 8.2 に分類と染色法，特徴，主な適用繊維について示した。現在市販されている染料数は国内産だけでも2000種を越え，世界で6000種以上とされている。これら多くの染料を系統的に分類して色相別にまとめた染料商品名索引表は多数あ

表 8.2 染色法による染料の分類

染料分類	染色法，特徴	主な適用繊維
直　接	中性塩（食塩，硫酸ナトリウムなど）を含む染浴から直接染まる水溶性染料。	綿，ビスコースレーヨン，麻，キュプラレーヨン，絹
酸　性	酸性浴（酢酸など）で染まる水溶性染料。	毛，絹，ナイロン，プロミックス
塩基性	中性浴からよく染まる水溶性染料。アクリルによく染まるものはカチオン染料と呼ぶ。鮮明色が多い。	毛，絹，ナイロン，アクリル
酸性媒染	クロムなどの金属イオンと錯塩をつくる酸性染料で染色後，後処理を行う。	毛，ナイロン，プロミックス
硫　化	硫化ナトリウムで還元し，水溶性として染色し，その後空気中で，繊維上に不溶性染料を形成する。	綿，ビスコースレーヨン，麻，キュプラレーヨン，ビニロン
バット	アルカリ性ハイドロサルファイトで還元し，水溶性にして染着する。後に空気酸化して繊維上で不溶性の染料を再生する。	綿，ビスコースレーヨン，キュプラレーヨン
アゾイック	繊維上でナフトール系カップリング剤と芳香族アミンのジアゾニウム塩を結合させ，水不溶性の染料を形成させる。	綿，ビスコースレーヨン，キュプラレーヨン
分　散	水に難溶性であるので，分散剤を加えて染着する。	アセテート，ポリエステル，ナイロン，ポリ塩化ビニル
反応性	1950年代に開発された染料で，繊維上の$-OH$，$-NH_2$などと共有結合で染着する。	綿，毛，ビスコースレーヨン，キュプラレーヨン
酸　化	酸化されやすい芳香族アミンを繊維上で酸化し染料を形成する。	毛，ヘアーダイ

るが，その最も権威のあるものとして「カラーインデックス名（Color Index Generic Name）」が挙げられる。

8.2 顔料

顔料は，染料と同じように粉末であるが，水や有機溶媒，無機試薬，合成樹脂，可塑剤に不溶な微細な粒子であり，基質に対して親和力を持たない。そのため植物乾性油などに練り込んで，絵の具，印刷インク，塗料として使用される。化学構造上，無機顔料と有機顔料とに分類される。表8.3に主な顔料の種類と性質について挙げた。

表8.3 主な顔料の種類と性質

分類	無機顔料		有機顔料	特殊顔料
	天然鉱物顔料	合成無機顔料		
種類	・赤　土 ・黄　土 ・緑　土 ・孔雀石 ・胡　粉 ・黒　鉛	・紺　青 ・亜鉛華 ・コバルト青 ・エメラルド緑 ・ビリジアン ・チタン白	・アルカリブルー ・リゾールレッド ・カーミン6B ・ジスアゾエロー ・フタロシアニンブルー ・キナクリドンレッド ・イソインドリノンイエロー	・蛍光顔料 ・金属粉顔料 ・パール顔料 ・示温顔料 ・窯業用顔料
性質	落ち着いた色調 色数が少ない 比較的安価 比重が大きい（重い） 耐候性に優れる		鮮やかな色調 色数も多い 高価なものもある 比重が小さい（軽い） 着色力に優れる	

8.2.1 無機顔料

無機顔料は，表8.3のように天然鉱物顔料と合成無機顔料の二つに分けられる。天然鉱物顔料は，天然にある鉱物や土から得られる顔料であり，代表的なものに，黄土や孔雀石，群青などがあり，これらは現在でも日本画の岩絵具として使われている。一方，合成無機顔料は，鉄や銅，鉛などの金属を化学反応させることで得られる酸化物や結合物からつくられる。代表的な例として，コバルト青や黄鉛，チタン白などがあり，これらは主に18世紀から20世紀初頭にかけて製造された。また，このほかにも暗闇の中でのネオンサインのように明るく光る蛍光顔料など，様々な「特殊顔料」も開発されている。無機顔料は，一般に有色のものでも鮮やかさに欠けるものが多いが，耐熱性，耐光性などの堅牢性にすぐれているものが多い。

図8.4 岩絵の具

8.2.2 有機顔料

有機顔料は，一般に鮮明な色と大きな着色力が特長である。構造により多くの種類があり繊維，紙，皮革，合成樹脂，印刷インク，塗料などに広く使用されている。また水に可溶性または難溶性のものに無機塩などを加えて不溶性にしたレーキと呼ばれるものがある。有機顔料は化学構造からみると染料と同じく，共役二重結合系

レーキ
　有機色素を金属などと結合させ，水に溶けないようにした顔料のこと。

のπ電子の遷移による可視部の吸収が発色の要因となっており，黄～赤系のアゾ顔料と青～緑系のフタロシアニン系顔料の使用量が多く，重要な顔料である。

8.3 印刷インキ

現在，主に行われている印刷方式は，版と印刷インキの組み合わせから，凸版印刷，凹版印刷，平版印刷，孔版印刷があげられる（図8.5）。凸版印刷は，版の凸部についたインキを加圧して紙などに押し付ける方法で，活版印刷，フレキソ印刷がそれにあたる。凹版印刷は，版に図柄を彫り込んで，凹部にインキを詰めて印刷する方法で，高精度の写真の再現が可能であり，美術書や写真集に使われ，グラビア印刷や紙幣の印刷がそれにあたる。平版印刷は，印刷する部分を油性にし，そこに油性のインキを付着させ，親水性の部分に水をつけてインキが付着しないようにして転写する方法で，オフセット印刷と呼ばれる。孔版印刷はシルクスクリーンと言われ，版の画像部に孔を開け，孔からインキを通して転写する。近年それらに電子印刷やインクジェットプリントが加わっている。

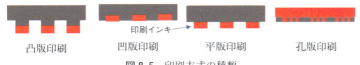

図8.5 印刷方式の種類

印刷方式によりインキの組成は異なるが，透明度の高いシアン，マゼンタ，イエロー，ブラックの4色のプロセスインキですべての色再現を行う。プロセスカラーでの印刷の原理は網点による併置加法混色と減法混色が利用され，フルカラーの色再現ができる（図8.6）。

8.4 塗料

物体面へ塗布する色材が塗料である。ビヒクル組成，製造工程も印刷インキとほとんど同じであるが，印刷インキが版を使って原稿を多量に複製するのに対し，塗料は物体の表面へ直接スプレーやブラシで塗布層をつくり，その使用目的も下地の保護と美化という二つの面を持っており，対象物の大きさもまちまちである。また，表面に塗付される皮膜の厚さも異なり，下塗りから始まって何回も重ねるため，インキの100倍以上の膜厚になる。さらに塗料は下地を被覆することが主目的のため，不透明な色が主体である。また，下地の保護という立場では，さび止め，耐酸・耐アルカリ，防湿，タレ止めなどさまざまな機能が要求される。最近では塗料の性状も，粉体塗料や電着塗装用塗料など新しいタイプのものが増えてきている。

アゾ顔料
分子内にアゾ基－N＝N－を持つ有機顔料の総称。

フタロシアニン系顔料
フタロシアニンと呼ばれる特有の構造を持つ顔料で，中心金属として銅を持つものが銅フタロシアニンと呼ばれる青色顔料である。

図8.6 印刷のカラー見本（TOYO INK カラーファインダー1050色）

ビヒクル
インキの主剤の1つ。顔料を運ぶvehicleを語源とする。

8.5 プラスチック着色剤

プラスチック用着色剤は物体と一緒に練りこんで着色するものであり，さまざまなタイプがある。代表的なプラスチックとしては，塩化ビニル，ポリエチレン，ポリプロピレン，ポリスチレンなどがあるが，工業用に特殊な性能を示すものとしてポリアセタール，ポリカーボネートなどもある。これらを成形加工して各種の製品にするときに着色するため，混和する色材の性状から次のように分類される。

① ペーストカラー：顔料を樹脂や可塑剤などで練り高粘度のペースト状にしたもの。
② ドライカラー：顔料に分散剤を加えた微粉末状の着色剤であり，飛散を防ぐためビーズ状としたものもある。
③ カラーマスターバッチ：顔料をプラスチック中に高濃度に分散させてペレットまたは板状としたもの。
④ リキッドカラー：特殊なビヒクルに顔料を分散させた液状の着色剤。

以上はいずれも，対象となるプラスチックに10倍以上に希釈して混ぜ，成形加工を行う。

⑤ 色樹脂：最終必要濃度の顔料を分散させてペレット状としたもので，そのまま成形加工すれば着色された目的品が得られる。

着色剤は，このようにプラスチックと一体成形されるため，着色効果，堅牢度ともすぐれたものとなるが，反面プラスチックへの分散性や，成形方法との適合性などで技術的な考慮が必要である。また，屋外での使用もあるため耐候性や難燃性なども要求され，近年では開発も進み，導電性その他，さまざまな特殊機能を付加したものも作られている。

8.6 食品用着色剤

食品には本来の色があるが，自然の状態の色は長期にわたって維持することが難しいため，加工段階で人為的に着色料が使われることが多い。食品用着色材としては，最近の自然派志向から合成色素に比べ，天然色素の方が圧倒的に多い。なお鮮魚介類や食肉，野菜類には，品質，鮮度等に関して消費者の判断を誤らせるおそれがあることから着色料の使用は禁じられている。

① アナトー色素：ベニノキの種子の被覆物から得られ，主成分はカロテノイド系の黄橙色の色素で，ハム，ソーセージ，水産加工品，チーズ，マーガリンなどに使用される。
② ウコン色素：ショウガ科ウコンの根茎より抽出して得られ，主成分はクルクミンという鮮やかな黄色の色素で，カレー粉や栗の砂糖漬けなどに使用される。
③ カラメルⅠ，Ⅱ，Ⅲ，Ⅳ：ブドウ糖や砂糖などの糖類やデンプンから得られる。製法の違いで4種類あるが，いずれも褐色を示

カロテノイド
　動物ではエビやカニの殻，植物では花弁の有色体などに含まれる。脂溶性の酸化されやすく不安定な色素で，黄色，赤色，紫色を発色する。現在，天然カロテノイドは約300種類確認されている。

し，古くからしょう油やソースなどに使用される。
④ イモカロテン，デュナリエラカロテン，ニンジンカロテンなど：サツマイモ，デュナリエラ藻，ニンジン，トマトなどから抽出される色素で，主成分はカロテンである。黄色〜橙色〜赤褐色を呈す。バター，マーガリンや果汁飲料の着色他，麺類，菓子類などに使用される。
⑤ クチナシ青色素，クチナシ赤色素，クチナシ黄色素：アカネ科クチナシの果実から得られるものがクロシンやケルセチンを主成分とするクチナシ黄色素である。菓子，冷菓，麺類，農産物加工品などに使用される。クチナシ青色素，クチナシ赤色素は抽出分解によって呈する色が異なる。
⑥ コチニール色素：スペイン南部や中南米のサボテンに寄生する通称エンジムシというカイガラムシ科の昆虫の乾燥体から得られる。色調は橙〜赤紫色を示し，清涼飲料水，冷菓，菓子，食肉製品，かまぼこなどに使用される。
⑦ 食用タール色素：赤色2号，赤色3号，赤色40号，赤色102号，赤色104号，赤色105号，赤色106号，黄色4号，黄色5号，緑色3号，青色1号及び青色2号の12種類が指定されている。菓子，漬物，魚介加工品，畜産加工品などに使用される。
⑧ 銅クロロフィル，銅クロロフィリンナトリウム：葉緑素の分子中のマグネシウムを銅に置き換えて作られたものが銅クロロフィルで，銅とナトリウムに置換した物質が銅クロロフィリンナトリウムである。青〜緑色を呈し，昆布，野菜類や果実類の貯蔵品，ガム，魚肉ねり製品，生菓子，チョコレートなどに使用される。
⑨ ベニコウジ色素：カビの一種であるベニコウジ菌の培養物を乾燥・粉砕した後抽出すると，赤色の色素が得られる。主成分はモナスコルブリンやアンカワラビンなどで，抽出に酸性アルコールを用いると黄色の色素が得られる。魚肉ねり製品，味付タコ，畜産加工品，調味料などに使用される。
⑩ ベニバナ赤色素，ベニバナ黄色素（フラボノイド色素，紅花色素）：ベニバナの花からサフロミンというフラボノイド系の物質を主成分とする黄色素が得られる。これから黄色素を除去した後，弱アルカリで抽出すると，カルタミンを主成分とする赤色素が得られる。化粧品や高級和菓子に使用される。

引用・参考文献

1) 加藤雪枝，石原久代，中川早苗，橋本令子，寺田純子，雨宮勇，高木節子，大野庸子：新版生活の色彩学，朝倉書店，2001
2) 池谷昭三：自然の色を染める，草木染工房木綿花，2000
3) 一見敏男：印刷のための色彩学，日本印刷新聞社，2002
4) 色材協会編：色材工学ハンドブック，朝倉書店，1989
5) 日本規格協会編：JISハンドブック 色彩2010，日本規格協会，2010

9 色と文化

　色彩文化の範囲は，風土，自然，思想，宗教，服装，建築，デザイン，化粧，祭事，文学，映像など広範囲にわたる。ここでは，人が物心両面にわたって作り出した生活の中より，服装，建築等を主にあげて説明する。

9.1　色の連想・色の象徴性

　ある人は「青」を見て"海"を思い浮かべ，ある人は"沈静"の色だと思う。このような心の働きを連想という。色の連想には，"太陽""海"といった具体的連想と，"興奮""沈静"といった抽象的連想がある（表 9.1）。

　連想用語は見る人の年齢，性別，職業，時代性，文化・民族・国民性などによって相違がみられる。たとえば，幼年・小学生では，動物，植物，食べ物，自然現象の具体的連想が多く，成人男性では仕事，女性は自分が身につけるものや日常生活のものなど，社会や家庭に結びついた抽象的連想が多くなる。日本では「赤」から"リンゴ"を連想するが，フランスでは「緑」から"リンゴ"を連想する。また，1984 年に調査された色彩連想色をみると，「白」からワイシャツ，「赤」から車，「灰」から背広とズボンという用語があがっているが，現代では，こうしたものは色数が増え連想語として登場することはほとんどなく，時代の推移を知ることができる。

表 9.1　色の連想と象徴

色	具体的連想	抽象的連想
赤	リンゴ，血，太陽，赤旗，トマト，ポスト，赤信号，口紅	情熱，革命，強烈，危険，エネルギー，熱烈，興奮，刺激，怒り
黄	レモン，バナナ，菜の花，ひよこ，タンポポの花	未熟，安全，幼児，支配，素朴，明るい
緑	森林，緑茶，ピーマン	安息，新鮮，平和，希望，青春，親愛
青	空，海，水，湖	理想，心理，学問，理知，沈静，冷静
紫	スミレ，紫式部，アヤメ，藤の花，桔梗，ライラック	古典，高貴，上品，優雅，失望，高位
白	雪，白衣，白ユリ，ウェディングドレス，白米，牛乳，白クマ，ウサギ	潔白，清潔，無垢，白紙，無
灰	ネズミ，曇天，煙，アスファルト，象	陰鬱，地味，渋い，疑い，悲しみ，暗い
黒	カラス，ピアノ，喪服，墨	夜，恐怖，不気味，悪，神秘，罪，罰

（日本ファッション色彩教育振興協会，2008 より作成）

色の連想が個人差を越えて社会的，地域的に普遍性を帯びると，色が特定の社会概念の象徴となり，文化として定着するようになる。

9.2 日本の色彩文化

a. 縄文・弥生・古墳時代の色

縄文時代は，悪霊を祓う効果として，生命の血，光明の日，熱の火を象徴する赤は不思議な力を持つ色として使用された。弥生時代は，伊勢，出雲，住吉の素木造りにみるように自然のままの色を塗らない白く削った木という意味から，白は多く使われた。また当時，黒はけがれの色として嫌われたが，樹木を炭として使用すること，黒を身につけることで悪魔が寄りつかぬといわれ用いられた。5，6世紀の古墳時代になると，黄・緑・青が加わり古墳内部に彩色された。

図9.1 五行思想
黄は，中央に位置づけられている。

b. 飛鳥・奈良時代の色

飛鳥時代は，百済からの仏教伝来に始まり法隆寺を中心とした文化である。正倉院の宝物のなかに赤，黄，緑，青，紫，白，黒の色名がみられるが，古代中国が源流である五行思想（赤，黄，青，白，黒）（図9.1）から発しており，推古天皇が制定した冠位十二階の位を示す色の基本とされている。位階の最上位には紫をあて，徳（紫）・仁（青）・礼（赤）・信（黄）・義（白）・智（黒）の順とし，この位階を色の濃淡で区別した。臣下は決められた身分よりも高位の色を着用することは許されず，701年の衣服令によって，皇太子のみに許された黄丹（橙）の色と，平安時代に天皇が着用するようになった黄櫨染（濃い黄褐色）の衣服の色は，現代まで禁色として伝わっている。

図9.2 朱塗りの神社

奈良時代は，「青丹よし奈良の都」と詠われるように，青丹は奈良を代表する寺院の色で，木部に赤（弁柄，鉛丹），木口は（黄土），壁は（白），窓の組み子は（緑青）が配された（図9.2）。また，唐の染色文化の影響を受け，仏像，織物を含む工芸作品には，暈繝彩色法（図9.3）が取られた。これは，ぼかし効果により同系色相を色彩の濃淡変化で表す配色法で，奈良薬師寺にある吉祥天像の衣服にはこの表現が使われている。

図9.3 暈繝彩色法（東京商工会議所，2001より）

c. 平安時代の色

平安時代は，遣唐使の廃止により日本独自の国風文化が栄え，和洋文化がつくりあげられた。女性が着用する十二単（図9.4）は，襟元や袖口，裾に衣裳を何枚も重ねて着装した際に表れる色の調和や，衣装の裏表に2色を重ねあわせた色の対比による色調を「襲の色目」と呼び，究極の配色美を彩っていた（図9.4）。配色は自然景観を感じさせる植物の名で呼ばれ，季節と植物の風情と一体になることを楽しんだ（図9.5）。こうした配色は，衣装に限らず懐紙，几帳など調度品にも使用され，静けさと奥深い華麗さを増幅した。

図9.4 十二単（資料提供：椙山女学園大学社会連携センター）

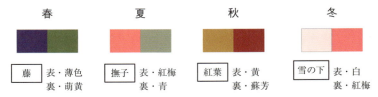

図 9.5 襲の色目
左から上下で春・夏・秋・冬を示す（同色名で色が違うものがあるが2色の染料を合わせて染めているためである）。

d. 鎌倉・室町時代の色

鎌倉時代は，貴族から武士へ政権が移行した時代である。東国武士の特徴を表す鎧，兜などの甲冑は，金属，染色，皮革，漆で作られ，戦いの際に識別しやすい緋色や紫の糸が使用された。甲冑の色模様は裾濃（すそご），匂いなどと呼ばれ，平安時代の衣服の美しさと同じように表現されていた。裾濃は上方が薄く下方にいくほど濃い色，匂いは上方が濃く下方にいくほど薄い色のことをいう。また，武士という名のもと男性が重んじられ，日常生活においては全体に落着きがあり，堅実な暗くて重い色である勝色（かちいろ）（濃い藍色），海松色（みるいろ）（暗い萌黄色），檜皮色（ひわだいろ）（こげ茶）が愛好された。

室町時代は，水墨画の文化といわれる。禅とともに中国から伝来された水墨画は，墨の黒をぼかし，にじみ，かすれで表現する墨の五彩によって有彩色にまさる「寂」を表現した。これが禅の「侘び」の文化につながった。建築物では，金閣寺の黄金の文化，銀閣寺の黒の墨文化が表れ，極端に異なる色彩美の時代であった。染色工芸においては，夢幻能が大成され金襴，銀襴の唐織りの舞台衣装が仮想の世界を魅了した。また，柿渋から染めた茶色は柿色と呼ばれ，当時を代表する色であった。

e. 安土・桃山時代の色

安土・桃山時代は，織田信長と豊臣秀吉の時代であり，派手で豪華な金に濃い朱，緑青，群青，紫と対比する色で描かれた金壁障壁画，金箔を布化した摺箔（すりはく）・縫箔（ぬいはく）といわれる織物に代表される。衣服には小袖が登場し，刺繍，絞り（鹿の子絞り），染め（辻が花染め）などの技法を用いて多様な色，模様がデザインされた。一方，千利休は茶道において無彩色，自然性，閉鎖性の空間を尊び，特に黒茶碗と抹茶の色との「侘び」を重んじた。

f. 江戸時代の色

江戸時代は，色彩の時代であり，これは染色に見ることができる。武士や富豪の町人が贅沢な生活を謳歌していた元禄時代の女性が着用した衣服は，総鹿の子，友禅染め，金糸刺繍など，衣装全体に模様が埋めつくされていた。その後，幕府の奢侈禁止令により赤（紅染め）や紫の染色を禁止したため，町人は独自の色彩文化を確立した。当時，町人が着用できる衣服の色は，藍色，茶色，鼠色であった。そこで藍色染めでは，甕（かめ）のぞき，水浅葱，浅葱，納戸，藍，鉄紺など，茶色染めでは，黄緑である萌黄から黒となる憲法色までと，

墨の五彩
墨は薄められると，焦・濃・重・淡・清の5つの灰色の段調を生む。

鹿の子絞り・辻が花染め
鹿の子絞りは，生地を小さくつまんで括る絞り染め。辻が花染めは，絞りと墨による描画などを併用した染め。

千歳茶，利休茶，金茶色，媚茶，焦茶，鶯茶など，鼠色染めでは，江戸鼠，銀鼠，梅鼠，利休鼠などと呼ばれる色が染色された。この微妙な色の違いによる多色を「四十八茶百鼠」と呼び，江戸町人の「粋」に反映した。また，この時代から始まった歌舞伎役者の名前を付けた路考茶，団十郎茶，芝翫茶（しかんちゃ）などは流行色として人気を博した。版画である浮世絵からも，墨摺絵，丹絵，紅摺絵と色彩技法が発展した。

g. 明治時代以後

明治時代は，文明開化といわれ西洋文化をとりいれたが，和洋折衷の色であった。染料は，合成染料や顔料が輸入されたため，茶色，紺色，鼠色は地味な色から派手な鮮やかな色に変わった。また，黒は軍服，鉄道員や警官などの制服や蒸気機関車，自動車など，西洋の象徴として日本人の憧れの色であった。

しかし，一般庶民の衣服は洋風化が遅れた。特に女性は，江戸時代からの和の様式が残り，新橋の芸者が着用した新橋色，紫，オリーブ色が流行した。女子学生が着用する海老茶の袴も，明治を代表する色であった（図9.7）。

大正時代に入ると，さらに合成染料が実用化され，西洋の文物が生活全般に開花し，「大正モダン」と呼ばれる特徴がみられた。こうした新しい色料の進歩により，今まで不可能であった配色も可能となり，新しい材料を使用した色彩構成が重要視され，現在の色文化を作りだしていった。

9.3 海外の色彩文化

a. 古代社会の色

エジプト時代の古王国時代に石灰岩で造られたピラミッドは，外部が白く塗られ，神殿は赤，黄，緑，青，褐，白，黒と色数が決まっていた。スフィンクスの顔面に赤顔料の痕跡があるのは，エジプト人が赤色人種として，赤土を皮膚に塗っていたことを表している。新王国時代になると鮮やかな彩色の様相は，王墓壁画（図9.8）や彫像，工芸品にみることができる。

ギリシア時代は，ドリア式，イオニア式，コリント式の建築様式が有名である。建物は白，クリーム色の壁に赤，青，褐，黄の鮮やかな色が1〜2色コントラストとして用いられ，装飾に緑，紫，黒，金が使われた。衣服においても白を基調としたキトンが着用され，褐色，紫，緑，青，ベージュ，オリーブ色の外套を身につけていた。また，この時代に哲学者プラトンやアリストテレスにより色彩の学問が興り，"色彩とは何か"といった考えが生まれた。

ギリシア文化を継承したローマ時代初期は，大理石の白と黒に，赤と黄が入った4色の配色が主であったが，その後，ポンペイのモザイク壁画（図9.9）にみられるようにピンク，オレンジ，青緑，水色，紫などが加わり多色使いとなった。トーガと呼ばれる衣服においても市民はウールの生成り，皇帝は貝紫のパープル，貴婦人は

図9.6　四十八茶百鼠

粋
身なりなどが洗練され垢抜けていること。たとえば，抑制のきいた渋い色合いを外見に持ち，内側に衣服の華やかさを秘めること。

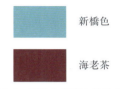

図9.7　明治を代表する色の例

図9.8　王墓壁画（セティ1世を迎えるハトホル女神）
王の透明感ある衣裳，女王の貫頭衣，装身具まで多彩な色が使用されている。

図9.9　ポンペイ壁画（秘儀の間）

サフランイエローの色で身体をまとっていた。

b. 中世の色

キリスト教精神のもと新しい文化を作りあげた中世社会は，10世紀ロマネスク時代になると，透過光による様々な色を組み合わせたステンドグラスの教会が作られ，宗教的な作品が描かれた。配色は，オリーブ，黄土，赤，緑，薄黄，紺青，茶，黒，濃灰などの色の組み合わせであった。

ゴシック時代は，天空に伸びる垂直線を強調した尖塔の教会建築に代表され，室内に明るさを取り入れるためのステンドグラス（図9.10）は，ロマネスク時代に比べ，ますます華やかで鮮やかな色と金銀を使用し装飾美と化した。

図9.10　ゴシック時代のケルン
（大聖堂：ステンドグラス）

c. 近世の色

ルネサンス時代は，イタリアを中心に興ったヨーロッパの文明開化である。この時代は，染料，顔料の製造，染織，塗工技術の発展により，赤，緑，肌色，青，ワイン色や，着色漆喰が使用されるようになった。バチカン市国にあるシスティーナ礼拝堂は，フレスコ画で彩られ壮麗な色彩空間を創出した建築物である。また，油絵の具も使われるようになり，モナ・リザの絵画にみられるように写実的表現が可能となった。さらに15世紀半ばにはグーテンベルクにより活版印刷が発明され，印刷物が普及した。

バロック時代になると王朝風となり，ゴブラン織りの壁掛や絨毯，カーテン，衣服も絢爛豪華な金に輝くと同時に，暗い色味の赤，茶，青，紫などの重厚な色で彩られていた。1666年には色彩科学の出発点として，ニュートンがスペクトルを発見し，色は光の刺激によって見えることを明らかにした。この光に関心を寄せた画家ルーベンス，レンブラント，フェルメールらは，光が増せば影が濃くなることを効果的に表現する絵画を描いた（図9.11）。

ロココ時代は，宮廷女性の最後の華麗な装飾美の時代で，柔らかいピンク，白，金が衣装から家具調度，建物まで及んだ。そして，18世紀後半に起きたフランス革命後には，国旗である青，白，赤の3色の配色が注目を集めた。

図9.11　フェルメール「牛乳を注ぐ女」

d. 近代・現代の色

科学の力で急速な発展を遂げ，衣・食・住全般にわたり色彩が豊富になった19世紀には，ゲーテが色彩論を発表した（1810年）。これは精神的，芸術的に色彩現象に注目した理論で，その後，ヘルムホルツ，マックスウェル，ヘリングなどにより次々に色覚理論が研究された。色材分野においても化学の発展は著しく，合成染料や人工インディゴの発見，コバルトブルー，クリームイエローなどの顔料が発見された。これが，日本において明治時代以降に多くの色名が登場するきっかけとなっている。その後，曲線的形態を表現した19世紀末のアール・ヌーボー時代には，黄，白，灰，紫などの色彩が中心となり（図9.12），機械主義と民族主義を併せ持った1920年代のアール・デコ時代には，鮮やかな赤，橙，黄，緑，青などの

図9.12　アール・ヌーボー調ポスター
（城，2010）

原色が中心となった（図9.13）。その後，こうした着色材の発展により，私たちの生活は多彩になったのである。

9.4 流行色

9.4.1 流行色の発生要因

流行色とは，時代の流れの中で，多くの人に採用される色をいう。その流行色の発生には，新しいものに変化させたいという変化欲求，他者と同一化して時代の波に取り残されたくないという同調化欲求，他者よりも先行して取り入れ自己を顕示したいという個性化欲求の3つがある。

図9.13 アール・デコ装飾模様（セギー・トーマ，1980）

9.4.2 流行色の採用過程

欲求行動を採用する時期は人によって様々である。流行が人から人へと伝播する過程を，ロジャースは5つのカテゴリーに分類している（図9.14）。

① 革新者：他に先駆けて流行を採用するトップランナーといわれる人。
② 初期採用者：新しいものを積極的に取り入れるファッションリーダーといわれる人。
③ 前期追随者：平均的メンバーが流行を採用する少し前に取り入れる人。ここで多くの人に採用されると流行は成立したといえる。
④ 後期追随者：流行に関心は示すが積極的には採用をしない人。
⑤ 遅滞者：流行に順応せず関心を示さない人。

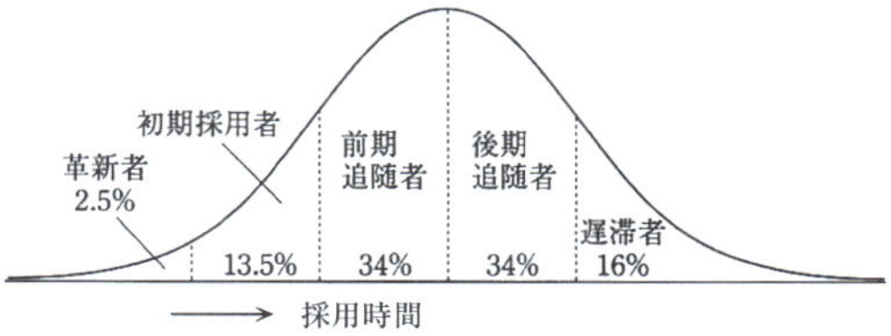

図9.14 流行採用過程（ロジャーズ，1962）

しかし，ムーア（Geoffrey A. Moore, 1991年）は，利用者の行動様式を大きく強いるようなハイテク製品には，②初期採用者と③前期追随者の間にキャズム（大きな溝）があり，これを乗り切れない限り流行につながらないと述べている。いずれにしても，生活者の心理が流行に影響を与えることに間違いはない。

9.4.3 流行色の予測

わが国では，流行色予測情報として日本流行色協会（JAFCA：Japan Fashion Color Association）が1953年に創設された。1963年には国際流行色委員会（インターカラー：Internatioal Commission for Fashion and Textile Color Association）が発足され，2018年現在，日本を含め16か国が参加している。ここでは，実シーズンに先がけた2年前に各国が提案色を持ちより，世界で最も早いファッションカラー情報をインターカラー選定色として発表している（図9.15）。これを受けて，1年半前にJAFCAが国内向けに主要色を選び，JAFCAファッションカラーとしてレディスウェア，メンズウェア，プロダクツ＆インテリア，メイクアップの流行色を業界や流通業界に発表する。1年前には素材メーカーがカラーサンプルを作成，半年前になると商品企画を行い，展示会が開催され，メディアや広告などを通じて実シーズン向け商品などの情報を生活者に伝

図9.15 インターカラーの選定風景

えている。

9.4.4 流行色の流れ

① 1945年〜1950年代（図9.16）

戦後わが国は，軍服のカーキ色とモンペの紺色が一辺倒であったが，日本に進駐したアメリカ兵の家族が着用していた服装を真似て，赤と緑の原色調のアメリカンルックが登場した。この刺激を受けて洋裁ブームが起こり，女性は本格的に洋服を着用する時代となった。50年代になるとシネモードが流行し，その中でモーニングスターブルーが最大のヒットとなった。53年には柑橘類の皮の色であるビタミンカラーが流行した。当時，酸味の色は普及しておらず，味覚が視覚に転じたネーミングであった。

図9.16 流行色（1945年〜1950年代）

② 1960年代（図9.17）

カラーテレビの放送が開始された60年代初頭，シャーベットトーンが大流行した。現在のパステルカラーに当たるが，服，靴，化粧品，ハンドバッグ，家電，冷菓に至るまで各メーカーが共同キャンペーンを行った。それまで日本人の色の認識は単色レベルにとどまるものであったが，色には仲間があること（トーン）を意識させるきっかけとなり，日本人の色彩感覚を向上させた。67年には，メンズファッションのカラー化として孔雀の雄のようにカラフルな服を着用するというピーコック革命が注目され，ピンク，クリーム，水色などのビジネス用ワイシャツが浸透した。そして，69年には，変革の時代を象徴するようにファッションや装飾を中心に，蛍光色の強い派手な色使いであるサイケデリックカラーが流行した。

図9.17 流行色（1960年代）

③ 1970年代（図9.18）

70年代に流行したのは，ナチュラルカラーとアースカラーである。自然の色を指すナチュラルカラーは，オフホワイトからベージュまでの生成りといわれる色で，濃いブラウン系の色はアースカラーと呼んだ。こうした色はファッションだけではなく，インテリア，家電，自動車など生活全般に普及した。また，インジゴ染めによるブルーを洗いざらして作られたブルージーンズも，自然志向に合致するものとして関心を集めた。

図9.18 流行色（1970年代）

④ 1980年代（図9.19）

80年代は，モノトーンブームと呼ばれた。川久保玲，山本耀司がパリで黒をメインとしたファッションを発表し，世界を驚かせた。当時，全身黒で身を包んだ人々は，カラス族と呼ばれた。さらにハイテクノロジーの進歩により，ハイテックな色として黒，白がイメージされ，スーパーホワイトの自動車，モノトーン家電が普及し，都会感覚が流行った。

図9.19 流行色（1980年代）

⑤ 1990年代（図9.20）

バブル景気が崩壊した90年代には，自然との共存をめざす，土や海の色であるエコロジーカラーが流行した。また，渋カジ

図9.20 流行色（1990年代）

ファッションである紺ブレから派生したネービーブルーや，80年代のモノトーンを中心としたベーシックカラーが流行した。一方，パソコンなどにはカラフルなスケルトンカラーが展開され，ファッションにおいても50年代を彷彿させるビタミンカラーが流行し，バック・トゥ・カラー（色返り）といわれた。

⑥ 2000年代（図9.21）

新しい世紀を迎え，明るい未来，気風を象徴するように2000年初頭には白，これに影響されてパステルカラーが流行した。特にピンクブームは，女性，男性ファッション以外にも多くの生活用品に浸透した。以後，ジャパンブルーが流行，その後白，黒が定番色の主流となり，グリーン，パープルなどがアソートカラー（10章参照）として配され人気となった。2011年代以降は，流行する定番色は継続されながらも，アソートカラーは多彩となっている。

図9.21 流行色（2000年代）

引用・参考文献

1) 柳瀬俊夫，朝倉昌也：色彩連想に関する研究．色彩研究，31（1），1984
2) 日本ファッション教育振興協会：ファッション色彩Ⅰ，文化出版局，2008
3) 日本色彩学会編：色彩用語辞典，東京大学出版会，2003
4) 吉岡幸雄：日本の色辞典，紫紅社，2000
5) 長崎盛輝：色・彩飾の日本史―日本人はいかに色に生きてきたか，淡交社，1990
6) 東京商工会議所編：カラーコーディネーションの基礎，東京商工会議所，2001
7) 城一夫：色の知識―名画の色・歴史の色・国の色，青幻舎，2010
8) E. A. セギー，A. H. トーマほか：アール・デコ装飾文様，学習研究社，1980
9) 小林茂雄，藤田正夫編著：装いの心理と行動―被服心理学へのいざない，アイ・ケイ・コーポレーション，2017
10) 出井文太編：流行色，No. 436-7.8，1993
11) ファッションカラー編集部：Fashion Color Book（創刊25周年記念特集），1993
12) 城一夫：日本のファッション―明治・大正・昭和・平成，青幻舎，2009

10 生活における色彩計画

　色は生活の全てのものに関わっており，大きな力がありその役割は大きい。しかし，色は好き，嫌いといった個人の感情と結びつきやすく，商品開発や建築計画においても，土壇場まで放っておかれるケースが多い。色は感性の問題であるから客観性がないため勘やセンスで決めればよいと思われがちである。果たしてそうであろうか。色は視覚情報の中で影響力が大きく，ものがあふれている現在では，その心理的価値は大きい。商品の売れ行きだけでなく，ブランディングという視点でも，客観性のある色彩計画はきわめて重要である。この章では，初めに色彩計画の手法全体を紹介した後，衣，食，住の各分野ごとに詳細に述べる。

10.1　色彩計画の手法

　客観的な色彩計画を行うには，なぜその色なのかというカラーコンセプトの設定が重要である。そのためには，色彩計画のさまざまな条件を一つずつチェックする必要があるが，ここでは生活の色彩に絞り考えてみたい。

10.1.1　生活の中の色

　最初に，生活の中にある色を1) 風土色・環境色，2) 嗜好色・慣用色，3) 時代イメージ色，4) 流行色の4つの視点で整理する。
　1) 風土色・環境色　最も根強く基本となるのが風土色・環境色である。これは，風土や生活環境から受け継いだ色で，長期間変わらず基本となる色である。代表が土や砂の色，植生の色，海や空の色などの自然環境色で，橋，ダム，発電所といった大型建造物や，建築物で連続した街並みを形成する景観色彩計画の際には，重要なチェックポイントである。また，光の色や日照条件によっても美しく見える色が違うため意識しておきたい。同じ日本の中での地域性の違い，世界と比較した日本の風土的な特徴など，エリアマーケティングが必要な分野での色彩計画では重要な視点となる。
　2) 嗜好色・慣用色　嗜好色は十人十色という言葉がある通り千差万別である。ただし，色彩計画をする際は，性別，年代別，ライフスタイル別など，ターゲット設定をした上で，嗜好色を調べる必要がある。たとえば，男性はハードな色，女性はソフトな色が好まれやすいため，女性をターゲットとした理美容家電では，ピンクが商品色として選ばれやすい。海外向け商品では，輸出をする国の嗜好色や禁忌色を調べておく必要がある。

図 10.1　生活の中の色（道江，1986）

一方，慣用色とは商品分野ごとに特有の色で，定番的に使われやすい色のことである。たとえば男性のビジネススーツではグレーや紺色が慣用色であるが，衣，食，住のそれぞれの分野で異なり，同じ分野でも用途によって異なる。また，時代によっても微妙に慣用色は変化する。慣用色は見慣れた色であるが，色彩計画をする上では，リスク回避につながり，大きな流行が起きにくい現在は，最も重視すべき視点である。

3）時代イメージ色　1 シーズンで終了する流行色より注目される期間が長く，最低 2〜3 年続くその時代を代表するカラーのことである。2000 年代はエコ，環境，健康，安心安全というコンセプトが注目されたため，グリーンが時代イメージ色となった。エコカーのコンセプトカラー，糖質 OFF のビールのパッケージ，食の安全を謳ったハンバーガーチェーンの店舗等に代表的な事例をみることができる。自然の緑が豊かな日本では，商品色にグリーンを使うことが避けられてきたが，時代のニーズに合う色として注目された。

4）流行色　文字通りそのシーズンに流行している色のことである。最近は仕掛けても流行色として注目されることが少なくなっているものの，市場の活性化のためには重要な役割を果たす。日本では「日本流行色協会（JAFCA）」がインターカラーの提案を基に，国内のマーケットに合わせて流行色を発信している。

このように，生活の中の色を 4 つに分類整理したが，このうち 1）風土色・環境色と 2）嗜好色・慣用色は本物志向の時代には重要な色であり，コミュニティに根ざす色といえる。一方，3）時代イメージ色と 4）流行色は，コミュニケーションに根ざす色で，日々の情報に左右されやすく陳腐化しやすいが，生活者の"飽き"に対応するために大切な色である。

色彩計画をする際は，対象となる商品がこの 4 分類のどこを重視すべき商品なのかを意識する必要がある。

10.1.2　衣食住の色彩計画で重視すべきポイント

衣食住のそれぞれの分野で重視したい色彩計画のポイントを以下にまとめる。

1）衣分野　他の分野と比較して流行のサイクルが早く，流行色という視点を入れて計画されることが多い。しかし，現実的には市場全体を巻き込んだ大きな流行色は出にくい状況である。むしろ慣用色をしっかり押さえることが重要である。一口に慣用色といっても，性別，季節，年代，アイテムの違いによって異なる。これらの慣用色の中で共通して最も使われやすい白，アイボリー，ベージュ，赤，紺，グレー，黒の 7 色をファッションの基本色という。一般的にはこれら基本色をベーシックカラーあるいは定番色といい，売れる色の第一候補である。幅広い客層に支持されるので，どの商品にも使いやすく，どの商品にも組み込めるので，別々の単品でも

慣用色と慣用色名
　慣用色と JIS の色名体系の一つである慣用色名は異なるものなので，注意したい。慣用色名については 5.2 節参照。

時代イメージ色（グリーン）
　代表的事例にマツダ「デミオ」，アサヒビール「スタイルフリー」，キリンビール「淡麗グリーンラベル」，モスバーガー等がある。

＊流行色の詳細に関しては 9.4 節「流行色」を参照。

表 10.1　ファッションの7つの基本色

色名	主な訴求コンセプト
白	シンプル・さわやか・モダン・上品・清潔・新しい・洗練・純粋・クリア
アイボリー	自然・ナチュラル・軽快・平和・親近感・やさしさ・すっきり
ベージュ	自然・ナチュラル・おだやか・肌触りのよさ・素材感・渋い・上品
赤	はなやか・スポーティー・カジュアル・強い・派手・若々しい
紺	スマート・ダンディ・知的・堅実・信頼・日常的
グレー	シック・わびさび・渋い・地味・おだやか・静か・洗練・繊細
黒	フォーマル・モダン・高級・格調・メカニック・機能・重厚

カラーコーディネートしやすい。年度を超えて継続的に一定の販売実績が見込める売れ筋カラーであるため，企画，生産，販売におけるリスクが低減される。ただし，定番色だけでは売り場が活性化しないので，そこに流行色を加えていくとよい。同じデザインでカラーバリエーションを持たせることをカラーアソートというが，重要なのは，その中に基本色を必ず入れること，カラーアソート全体が一つのイメージコンセプトでまとめられていることである。リスクを抑えながら，流行色を含んだ新しい商品の世界観を伝える方法である。

2) **食分野**　食べることは人間にとって非常に重要な行為であるため，料理と食器の取り合わせ，テーブルコーディネートなどの色彩計画は大切である。一方，食品パッケージはおいしさを伝えることが目的であるため，中身の食品の色や味のイメージを損なわない色使いが基本となる。たとえばコーヒーの場合，コク，香り，苦みといったイメージを伝える茶色や黒をベースカラーに使い，シーフードカレーなら，濃い赤，カラシ色，黒などの辛さを感じさせる色をベースとし，文字色は海をイメージさせる青で表現するという具合である。連想性や転移性を重視した色が重要となる。

3) **住分野**　長期間使われることが多い住分野の色は，ファッション以上に慣用色が重視される。インテリア空間では，床，壁・天井といった内装のベースカラーと，カーテンや家具などのアソートカラーでは慣用色に違いがみられるが，中でも木の色が重要な役割を果たす。フローリングが主流になっている現在のインテリア空間では，木の色に合わせて空間のイメージコンセプトが決まり，コーディネートされるためである。また，白とアイボリーの違いが空間表現では大きなイメージの差異となって表れる。一般的に，白は先進的でモダン，アイボリーは穏やかでナチュラルなイメージである。このようにインテリア空間では，流行色より慣用色の中の微妙な違いや変化を捉える必要がある。

一方，外観はその土地の風土性や街並みと調和する色を意識したい。個より公共という視点が重要であり，嗜好色より慣用色と風土色・環境色にウェイトを置いて考えたい。

ベースカラー
　全体の基調となる色。パッケージの場合は，ボディのメインカラー。インテリア空間の場合は床，壁，天井，建具等。

アソートカラー（別名サブカラー）
　インテリア空間において空間イメージを決めたり，個性を表現するサブ的なカラー。

引用・参考文献

1) 道江義頼：実践・色彩戦略—業界別カラーマーケティングの展開，日本能率協会，1986
2) 日本カラーデザイン研究所：色彩基礎セミナーテキスト

10.2 ファッションの色彩

　ファッションは感覚的であり，一般色彩学の理論が必ずしもそのまま使えるとは限らない。ファッション業界で色彩を扱う職業にはカラーコーディネーター，カラリスト，ファッションコーディネーターあるいはマーチャンダイザーなど種々あるが，それぞれの立場で扱い方は異なるといえる。しかしどの立場であっても色彩学の知識を基礎として持つことは重要であり，そのうえで常に社会関連情報に注目し，多くの情報を取り入れていく必要がある。また，個人としてもファッション特有の色の現象や慣習もあるため，感性を磨き，自分の個性を活かす服飾計画を立てることが大切である。

10.2.1　ファッションにおける色彩調和

　通常ファッションにおいて，全て1色で着用されることはほとんどない。たとえば無地のワンピースを着用しても，タイツや靴，バッグ，アクセサリーなど多くのアイテムを同時に身に付け，それぞれには色があり，素材感なども含めると厳密には全く同じ色は存在しない。色彩の調和と配色技法については第6章で述べられているので，ここでは服装の配色について取り上げる。

　1）**色相の調和**　　図10.2にバーチャルファッションコーディネートシステム I-DFit（㈱テクノア）を用いて作成した，トップスとボトムスの色相差による配色例を示した。色相を同系（たとえばPCCS 表色系の場合，色相差0）や類似（たとえばPCCS 表色系の場合，隣接・類似を含めて色相差1〜3）でコーディネートした場合は，色調が近いため統一感があり，まとまりやすく落ち着いた印象となる。対照（たとえばPCCS 表色系の場合，色相差8〜12）の配色では，色相での色の統一性は少ないが，変化が生まれ動的な印

同系の調和　　類似の調和　　対照の調和　　中差

図 10.2　色相の差による配色例（トップスとボトムス）

象になる。しかし，多色配色において対照色相を多用すると色の属性が複雑になりすぎ，違和感が生まれる場合もある。特に純色の補色関係の配色では色の印象が強いため，主張したい方の色の分量を多く，8：2程度にしてバランスをとるとよい。また，色相の中差（たとえばPCCS表色系の場合色相差4〜7）は，多くの色彩調和論において不調和ゾーンに入っているため，明度差や彩度差をうまく利用して調和をとる工夫が必要である。

　2）トーン（明度・彩度）の調和　トーンの調和についての例を図10.3に示したが，同系や類似でコーディネートした場合，同じような色調であることからイメージを打ち出しやすくなる。図中左の2体はPCCSのltg（ライトグレイッシュ）トーンのトップスに類似トーンであるd（ダル）トーンのスカートを組み合わせた例で，次の2体は同じトップスに左2対と同じ色相における対照トーンであるdp（ディープ）トーンのスカートを組み合わせた例である。4体ともにトーンだけでなく色相も調和領域に入っているコーディネート例といえる。また，図中右側3体のうち同系は，セーターとベストがdp（ディープ）トーン同士の配色であり，中央の類似は，ブルゾンのdpトーンとシャツのdk（ダーク）トーンの隣り合ったトーンの配色である。さらに右の対照はワンピースのp（ペール）トーンとコートのdkトーンの配色であり，明度差が非常に大きく取られているが，色相が同一であるためまとまった印象となっている。対照の配色の場合には明度や彩度のコントラストが鮮明になり，明度の最も大きなコントラストでは白と黒のバイカラー配色になる。これらの配色の特徴は，躍動感，明快感が得られることである。なお，明度差を大きく取った配色はムーン-スペンサーの色彩調和論でも美度に大きく貢献するとされており，調和を得られやすい配色である。しかし，色相もトーンも対照の配色にすると複雑になりすぎてしまうことがあるので注意が必要である。

ltg2-d14　　　ltg2-d2
類似の調和

ltg2-dp14　　ltg2-dp2
対照の調和

同系の調和

類似の調和

対照の調和

図10.3　トーンの差による配色例

10.2.2 服装色における視覚効果

① 温度感

色彩の温度感については第7章で触れられているが，着用する衣服が季節によって異なる点において，服装色が季節に合っていることは心理的快適性につながる。図10.4に同じデザインで服装色の異なるコーディネートを示した。暖色系の低明度色は暖かく，寒色系の高明度色は涼しく見える。

② 大きさ感

多くの女性にとって太く見える，細く見えるは重要な問題である。着装における大きさ感には服装色も影響し，図10.5に示したように高明度の服装の方がふっくら見え，低明度の服装の方が細めに締まって見える。

暖かく見える　涼しく見える　　　ふっくら見える　しまって見える

図10.4　服装色の温度感　　　図10.5　服装色の大きさ感例

③ 年齢感，派手さ感

図10.6に年齢感および派手さ感についての着装図を示した。若々しく見えるのは高彩度色であり，評価実験の結果，特に青および赤の高彩度色が若々しいと評価され，高齢に見えるのはグレーや黒であった。また，活動的に見えるのは暖色系の高彩度色で，落ち着いて見えるのは寒色の低彩度色であった。なお，高彩度の赤については特に高齢者には合いにくいという結果が得られている。

若々しく見える　　　高齢に見える　　　活動的に見える　　落ち着いて見える

図10.6　服装色の年齢感，派手さ感の例

図10.7　エレガントの例

図10.8　カジュアルの例

図10.9　シックの例

図10.10　ダイナミックの例

図10.11　ナチュラルの例

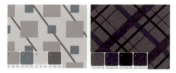

図10.12　モダンの例

図10.13　ロマンチックの例

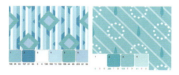

図10.14　クリアの例

10.2.3　配色イメージのテキスタイルへの応用

配色のイメージは色，柄，素材が複合して生じるため一様ではない。ここではファッションでよく使われる代表的な配色イメージを4-Dbox PLANS 4（㈱トヨシマビジネスシステム）にて作成したテキスタイルの柄をあげた（カラーバッチデータは使用色のCMY値である）。

①　エレガント（図10.7）
　　女性的な，気品のある，優雅なといったイメージで，紫系の高明度，中明度の彩度を抑えた色を中心に配色。

②　カジュアル（図10.8）
　　活発な，明るい，若々しいといったイメージで，純色，明清色を中心に，対照色相などをアクセントカラーとして用いた配色。

③　シック（図10.9）
　　洗練された，大人っぽい，渋いといったイメージで，グレイシュトーンを中心に黒や寒色系の暗い色を用いて配色。

④　ダイナミック（図10.10）
　　派手な，強い，ハードなといったイメージで，高彩度の対照の配色を中心に，さらに黒を配することでコントラストを生む。

⑤　ナチュラル（図10.11）
　　穏やかな，素朴な，落ち着いたといったイメージで，暖色系の高彩度色を避け，木の色や，土の色など低彩度色を中心とした配色。

⑥　モダン（図10.12）
　　現代的な，垢抜けた，人工的なといったイメージで，白，灰色，黒などの無彩色を中心に寒色系の色彩を加えた配色。

⑦　ロマンチック（図10.13）
　　かわいい，愛らしい，可憐なといったイメージで，赤紫や赤系のペールトーンやライトトーンのピンクを中心に配色。

⑧　クリア（図10.14）
　　さわやかな，清々しい，透明感があるといったイメージで，青緑や青の寒色系の色相の明清色を中心に，さらに白を加えた配色。

10.2.4　ファッションの流行色

ファッション商品の中には大量に売れる色とそうでない色がある。ファッションの業界での衣料品の定番色は白，黒，紺，茶，灰色，ベージュであり，2005年のJAFCAの調査では，この6色で百貨店での全衣料品売上の約75%を占めていることが報告されている。

これらの定番色が季節の中でどのような色彩とともに過去の流行色として出現してきたかについて，この6色に次ぐ色として赤，黄，緑，青，ピンク，空色を加えて図10.15に挙げた。図中，色で示されているものはこれまでの各シーズンで流行してきた上位5色であり，近くに位置している色ほど同時に流行し，離れて位置している

色ほど一緒に流行しにくい色といえる。春においては白，黒，青，紺，黄が上位5色で，黄色はピンクと青は紺とともに流行している。夏においては白，青，紺，黄，空色が上位5色で，白は紺や黒と一緒に流行し，灰色やピンクは空色と一緒に流行しやすい。秋や冬は黒，紺，茶，灰色といった低明度の色彩および赤が定番として流行しやすくなっている。

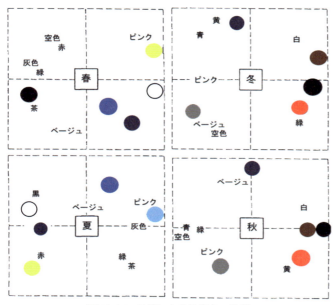

図 10.15　季節による流行色の出現

10.2.5　着用者の肌の色と服装色

衣服は人が着用するモノであり，いかに色がきれいであったり，流行色であったり，トップスとボトムスの配色は美しくても，着用者に全く似合わないものでは意味がない。したがって服装色の選択にあっては，着用者の肌の色を知り，より美的に見える服装色を選択することが重要である。

1）**肌の色**　人の顔かたちが一人ひとり違うように肌の色も異なる。人の肌の色は，表皮や真皮の厚さや構造により個体差，部位差を生じ，また表皮内にある色素細胞からできる黒褐色のメラニン色素とわずかな量の黄色のカロチン，そして真皮内の毛細血管中の赤色血色素ヘモグロビンの3種の色素の量的変化が皮膚の色を支配するが，人種，年齢，季節，生活環境が大きく影響する。

図 10.16 に顔面の肌色の分類を示した。日本人の肌色について，色相はほぼマンセル色相の 10 R～10 YR，明度 V は 5.5～7.5，彩度 C は 2～6 の間にあり，年齢とともにメラニンが沈着することによって肌色は黄色に寄り，明度が下がる傾向にある。季節の変化を見ると，冬にくらべ夏は赤みで明度が下がり，彩度は上がる傾向にあり，紫外線照射量の増加と関係している。

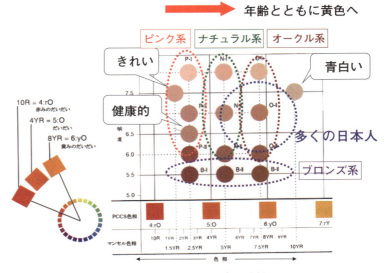

図 10.16 日本人の肌色の分類

2) **肌色別の適合色**　各肌色をきれいに見せる服装色について日本色彩研究所のカラーガイドを用いて示した（図 10.17）。ピンク系の肌色は印象が良く，きれいな肌色，健康的な肌色もこのゾーンに入る。着装する服装の色は，肌をより明るく見せることができる顔面と同系色相の赤が調和し，また暗い赤を着用することで明度対比が現れ，さらに肌を明るく見せることができる。ナチュラル系の肌色は，黄みと赤みがミックスされているが，よりきれいに見せるためには暗い青や暗い灰の服装色により色相対比や明度対比でやや明るいピンクに移行させることができる。オークル系の肌は日本人に最も多く，黄みを帯びている。黄によると不健康に見えやすいことから，緑色の服装色を着用することで色相対比を用いて赤みを出すとよい。ブロンズ系の肌は 4 タイプの中で最も暗く，小麦色の肌として，無理に明るく見せるより日焼けした肌をきれいに見せるように明るい色を用いるとよい。

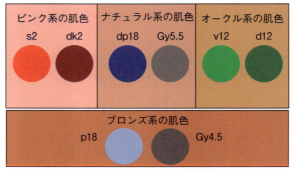

図 10.17　各肌色に合う服装色

3) **パーソナルカラーとファッション**　肌色は基本的に紫～黄の暖色色相をベースに，その明度・彩度が変化した色で，それは全

人類共通である。しかし，その色の中にも，「紫みの赤」「橙みの黄」など微妙な色相の差があり，その変化で肌色にも個人差が生まれる。

　パーソナルカラーは，1928年アメリカの色彩学者ロバート・ドアが開発した。自然界のすべての対象物には青のアンダートーンと黄のアンダートーンがあり，同じグループ内の色は調和するという説から始まっている。当初は家具，インテリア，建築の分野が中心であったが，その後ファッションやコスメの分野に普及してきた。この「ブルーベース・イエローベース」が基本となり，アンダートーンのイエロー系にスプリングとオータムを，ブルー系にサマーとウィンターを配する方法が提唱され，1950年代ダイアナ・バンスが「フォーシーズン・カラー」として発表した。その後，ジャクソンが『カラー・ミー・ビューティフル』を刊行し，「黄＝ウォーム」「青＝クール」の2分割に，「明るさ・柔らかさ＝ソフト」「強さ・深み＝ハード」といった分割が加算され，「フォーシーズン」の4分割が形成された。日本には1984年にジャクソンが来日し，講座が開かれたことをきっかけに広まり，パーソナルカラリストと呼ばれる人々が誕生した。これらの理論は何れも人間の肌や髪，虹彩，頬，唇などの色彩を基礎としている。多民族のアメリカにおいては個人差を見出しやすいが，日本人の場合，ほとんどが黄色人種であり，先に示したように肌色の範囲は狭く，虹彩の色彩も大きくは異ならないため判断は難しい。

引用・参考文献

1) 東京商工会議所編：カラーコーディネーションの実際　第1分野ファッション色彩，東京商工会議所，2014
2) 石原久代，伊東優里：女性の若年時と高齢時の適合服装色の差異，繊維製品消費科学会誌，**58**(12)，2017
3) 川崎秀昭：おしゃれな色の選び方－ファッションカラーレシピ，日本色研事業株式会社，2002
4) 石原久代，大澤香奈子：若年女性の肌色とヘアカラーのコーディネート要因について，名古屋女子大学紀要（家政・自然編），**51**，2005

10.3　食の色彩

　食事をするとき，まだ食べていないのに見た目だけでおいしそうと感じることがある。料理は古くから「目で食べる」「色で食べる」といわれ，視覚から食べ物の味を連想して，おいしさを感じ取り，色と味覚の間に心理的な結びつきができている。さらに料理をおいしく見せるため，食器，食卓，テーブルクロスやランチョンマット，照明の工夫が必要である。

10.3.1　食べ物と色

　食べ物の色と一口にいっても，野菜，果物，肉，魚，穀物，海

図 10.18　食べ物の色

藻，調味料，菓子類など広範囲にわたるが，日本人が食欲のそそられる色は，赤，橙，黄，黄緑，緑の色に集中している（図 10.18）。またわが国の特徴として，米やうどん，餅，豆腐などの白，黒豆やゴマ，海苔などの黒は好まれる。これは，日本の食生活に欠かすことができない食材として，昔から食卓に出される色であったからである。一方，青緑，青，紫の食べ物は，単色としては食欲を刺激しないが，色から受ける味覚感は，質感と一体となって魅力を増し，青みの魚や紫の色を持つ茄子やブドウは，新鮮な質感がその色を引き出している。

　しかし，食品には着色を施す場合もある。食品の色は服装やインテリア等の色に比べ，固有色としての概念が強いため，先に記したように豆腐の色を聞かれれば普通は白と答えるだろう。食べ物の色は，食欲との関係がはっきりとしている。

10.3.2　食器と色

　素材をおいしく見せるのが器である。一品一品に適した色調の器に盛り，色相，明度，彩度による色の調和を表現する。

　日本料理は，器で食が進む料理といわれる。色彩調和として，よりおいしさを引き立てるのは補色，反対色の組み合わせで，赤の食べ物に緑の器，同様に橙と青，黄と紫，白と黒の関係である。器に盛られた刺身を目にすると，赤身のマグロに，しその葉，パセリ，海藻など緑があしらわれ，緑が刺身の赤をいっそう新鮮に見せる。また，大根の白をつまとするのも，刺身の赤との明るさの違いで新鮮さを増す。同じように，イチゴなども緑のへたを取らず出したほうがおいしく見える。類似配色もあり，橙系である茶の器に卵の黄みの料理は，互いになじんでいる（図 10.19）。

図 10.19　食器と料理の色

　黒，白の無彩色の器は，料理の有彩色を冴えて見せることができ，彩度を高めおいしさ感を引き立てる効果がある。特に，日本料理に黒が多く使われるのは，器を重く見せ，料理を軽く見せる心理的軽重感の効果を取り入れた演出といえる。

　器の模様によっても，おいしさ感が増すことは明らかである。たとえば色絵物の器は，盛り付けによって華やかな気分を誘う。また，色数の少ない料理や彩度のやや低い料理を盛ると趣のある配色となる（図 10.20）。

図 10.20　器の模様

　一方，ヨーロッパ人やアメリカ人は肉を食べることが多いことから，西欧料理は赤系が主体となっている。野菜の色もニンジン，ト

マト，ラディッシュなど赤系の種類が多く，食べ物において好む色の1，2位を赤が占めるといわれる。そして，緑の野菜や副食の黄が添えられており，西欧料理は一般的にコントラストが強い配色となっている。こうした配色効果を一層鮮やかに見せるよう，器の色は白を基本として料理が盛り付けられている場合が多く，器と一体化した色彩観を演出している（図10.21）。

図 10.21　西洋料理

10.3.3　食卓と色

　料理の色をおいしく見せるのは，器だけではない。テーブルクロスやランチョンマットも影響する。私たちは日頃から好きな色の品物を選択するが，では食卓にきれいに並べられた料理を前にして自由に席に着くことができるとなった際，必ず好きな色のテーブルクロスの席に着くであろうか。結果は，好きな色と着席したいテーブルクロスの色との間に関係性はなく，着席して食事を摂ろうとするテーブルクロスの色は，料理を鮮やかにおいしく見せてくれる色が選ばれる傾向が強い。これは，面積の占める割合が大きいテーブルクロスの色が，面積の占める割合が小さい料理の色に，残像色をかぶせてしまう色相対比現象（7.2節「色の視覚効果」参照）が一要因と考えられる。食事場面では暖かい色が相応しいといわれるが，食事内容や雰囲気により異なってくる。クリスマスに楽しく食事を囲む際，テーブルクロスやランチョマットが緑であるのは，料理に赤系が取り入れられることからもわかる。このように，料理，食器の色に加え，食卓を占める面積が大きいテーブルクロスの色も，おいしさ感に影響を及ぼしている。

10.3.4　照明の影響

　室内の照明も人の気分に影響を及ぼす。食事を摂るときの照明光は，赤，橙の光色を持つ暖色系の電球色が料理を柔らかくまろやかに見せ，暖色系の食べ物の色を豊かな彩りに引き立て，食欲を増進させる効果がある（2.2「光源」参照）。一方，青みの光色を持つ寒色系の昼光色は，野菜などをシャキッとして見せるが，暖色系は濁って見えるので食欲をそそられない。これは，生理的に暖色系は私たちの自律神経を刺激して，空腹感を喚起させ消化作用を促進させるが，寒色系は空腹感や消化作用を鈍らせるので，楽しく料理をいただくときは心理的に満足がいくよう電球色の下で食事をしたい（図10.22）。

電球色　　　　　　　　　　昼光色

図 10.22　電球色と昼光色による見え方

　このように，食事はその時の気分や料理の種類，顔ぶれにより変わるが，食べ物，器，食卓の色との主と従の調和と照明をうまく活用したトータルコーディネートによって料理をおいしく見せることができる。

引用・参考文献

1) 加藤雪枝, 石原久代, 中川早苗, 橋本令子, 寺田純子, 雨宮勇, 高木節子, 大野庸子：新版生活の色彩学, 朝倉書店, 2001
2) 野村順一：色の秘密―色彩学入門, 文藝春秋, 1995
3) 北畠耀編：色彩演出事典, セキスイインテリア, 1990
4) 冨田圭子：「おいしそう」を演出する背景色, 日本色彩学会誌, 42(4)：189-190, 2018
5) 葛西紀巳子：くらしの色彩物語―住・環境・色彩アメニティ, フロムライフ, 1998

10.4　住まいの色彩

　私たちが生活環境から受ける情報の80％以上が視覚による情報である。そのため，住まいにおける空間の形態や素材とともに，それぞれが持つ色彩の情報が住まいの印象に大きな影響を与える。このことから，住まいの色彩を計画する際には，生活と色彩との関係性を考慮することが大切になってくる。
　色彩には感情効果があり，人々の気分に大きな影響を与えると考えられ，色彩が持つ効果を十分に理解したうえで，好きな色彩に囲まれて暮らす心地よい住まいを計画することが大切である。また，住まいは社会環境からのストレスや疲れが癒される場である必要があり，気分を落ち着かせ，リラックスできる効果をもたらす色彩を選定することが望まれる。

10.4.1　住まいを彩る素材と色彩

　住まいの色彩計画を行う際には，素材を何にするのかが重要な要素であり，素材と色彩の関連性は強い（表10.2）。たとえば，床・壁・天井・建具・設備機器といった建物本体と関わりが強く，工事をしないと容易には取替えできず，長期にわたって使用することを考慮して色彩を選定する必要がある。大面積となる部分は，ベース

表 10.2 色彩による素材の分類（加藤ほか，2001 より作成）

		無着色材料		既着色材料	塗装用下地材料
		動植物系材料	鉱物系材料他		
無彩色系	高明度		漆喰, プラスター, 大理石	樹脂化粧合板, ビニールクロス, タイル, 皮革, カーペット, 布地, 紙	鉄, 木材, 亜鉛銅板, 塗装用クロス, モルタル, パーティクルボード
	中明度		アルミニウム, 大理石, 花崗岩, モルタル, コンクリート		
	低明度		花崗岩, 玄昌石		(ビニールクロスの下地材になるもの) 石綿板, 石膏ボード, 繊維板, 合板
ベージュ・ブラウン系	高明度	白木, 和紙, 籐, 畳表, 布地（無着色の綿・麻・ウール）	大理石, 真鍮	木材, 籐, 樹脂化粧合板, ビニールクロス, タイル, 皮革, カーペット, 布地, 紙	
	中明度	木材, 皮革, 布地（ウール）	土, 大理石, 花崗岩, テラコッタ		
	低明度		土, 鉄材, 大理石, 花崗岩		
有彩色系	高明度	生花	大理石, 土	樹脂化粧合板, ビニールクロス, タイル, 皮革, カーペット, 布地, 紙	
	中明度	鉢植物, 生花, 果物, 鳥の羽根			
	低明度				
透明色系			ガラス, アクリル樹脂	ガラス, アクリル樹脂	
反射系			鏡, ステンレス, クロームメッキ		

カラーとなるため，ベージュやオフホワイト，グレーといった高明度で低彩度の色彩が望ましく，これらは素材自体の色彩を使用することが多くなり，素材が持つ色彩感を使った演出ができる。一方，ウィンドウトリートメント，アクセサリー，雑貨といった要素（たとえば，カーテン，クッション，ラグなど）は，比較的容易に移動や変更ができるため，色彩の選定の幅が広い。そのため，アクセントカラーとして，住まい手のニーズや空間イメージに合わせた色彩の選定ができる。

10.4.2 住まいの色彩計画の流れ

住まいの色彩計画では，リビングやダイニング，玄関といったパブリックゾーン，寝室や子ども部屋，書斎といったプライベートゾーン，パブリックゾーンとプライベートゾーンをつなぐ廊下や水回りのセミパブリックゾーンのそれぞれの機能とニーズに合わせて色彩を選定していくことが基本となる（図 10.23）。

住まいの色彩計画の流れは，①住まい手のニーズを収集する，②空間のイメージを設定する，③ベースカラーを選定する，④アソートカラーやアクセントカラーを選定する，⑤色彩仕上げ表を作成する，⑥色彩計画案をビジュアル化してプレゼンテーションをする，となっており，各行程についての解説を以下に記す。

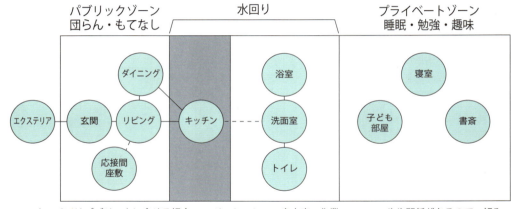

図10.23 住まいのゾーニング（住まいとインテリア研究会，2007 より作成）

① 住まい手のニーズを収集する

　まずは，提案する住まいのイメージを明確にするため，住まい手のニーズを含めて，さまざまな情報を収集する。具体的には，家族構成，家族が求めるライフスタイル，家族それぞれの趣味や色彩の好みなどをヒアリングを通して収集して，まとめる。

② 空間のイメージを設定する

　住まい手のニーズを収集したことで明確になった諸条件を整理し，どのような空間のイメージが求められているのかを検討する。この段階はコンセプト設定において大切な行程である。空間の間取り，採光などを考慮しながら，モダン，クラシック，ゴージャス，エレガント，ナチュラル，カジュアルなどいったインテリアイメージ（図10.24）の大枠を想定する。その際に，住まい全体，各部屋の色合いの統一感を考慮しながらも，機能やニーズに合わせて，部屋や場所ごとに特徴・変化も取り入れる。たとえば，リビングは，団欒・落ち着き感・温かみ・くつろぎが，ダイニングやキッチンは，清潔感・和やかさ・団欒・明るさが，寝室は，落ち着き感・安らぎ・静寂性が，子ども部屋は，明るさ・躍動感が求められる。

③ ベースカラーを選定する

　部屋を構成する壁・床・天井の各面の色彩がベースカラーとなり，空間全体の70％程度を占めることになる。一般的に穏やかでまとまりのある色彩を選定することになる。たとえば，上部に明度の高い色彩を選定し，下部に暗めの色彩を選定することで，空間全体のイメージが安定する。特に，天井面に暗めの色彩を選定すると，天井が低く感じることがあるため，注意が必要である。

④ アソートカラーやアクセントカラーを選定する

　アソートカラーは，家具や建具，カーテンなどの色彩が担うこ

10.4 住まいの色彩

①モダン （現代的）	・低彩度・明度差があり，寒色系 ・白，グレイ，黒，シルバー，原色など ・シャープ，都会的	
②クラシック （古典的）	・中〜低彩度・中〜低明度・暖色系，コントラストは小さい ・エンジ，ブラウン，パープルなど ・正統的，フォーマル	
③ゴージャス （華麗）	・中彩度・中〜低明度 ・エンジ，ブラウン，黒，ゴールドなど光沢のあるもの ・豪華，成熟した	
④エレガント （優雅）	・低彩度・明度を中心に，コントラストの小さい配色 ・ピンク，ラベンダー，ベージュ，オフホワイトなど ・繊細，品のよい	
⑤ナチュラル （自然志向）	・低〜中彩度・中明度・暖色系 ・ベージュ，ブラウン，オフホワイトなど ・天然素材，素朴な	
⑥カジュアル （くつろいだ）	・彩度や色相のコントラストは大きい ・白，ベージュ，ピンク，グリーンなど ・日常的な，気さくな	

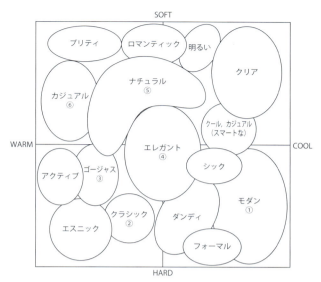

図 10.24 インテリアイメージ（住まいとインテリア研究会，2007 より作成）

とが多く，空間全体の 25％程度を占めることになる。ベースカラーの類似色相や類似トーンを選定し，同系列の色彩の濃淡でまとめ，統一感を求めることが一般的である。アクセントカラーは，タペストリーや雑貨，照明，装飾品などの色彩が担うことが多く，空間全体の 5％程度を占めることになる。ベースカラーとアソートカラーに対して，色相やトーンで大きな変化をつけることで，文字通りに空間にアクセントを求めることが一般的である。

⑤ 色彩仕上げ表を作成する

各部屋の色彩イメージが固まった次の段階として，各部屋の床・壁・天井・扉・巾木・廻り縁・サッシなどの部位ごとに，色彩指定をした色彩仕上げ表（表 10.3）を作成する。さらには，実際に使用する部材の商品番号や色記号を記入し，色見本チップなどを添付することで，工事の際に色彩選定を間違えることを避けることができる。

表 10.3 色彩仕上げ表

部位	仕上げ材	色彩分類	色彩
壁	クロス貼	基調色（ベースカラー）	10YR9/2
床	フローリング	基調色（ベースカラー）	5YR6/5
天井	クロス貼	基調色（ベースカラー）	N8
サッシ	アルミ製	配合色（アソートカラー）	N7
幅木	木製	配合色（アソートカラー）	10YR4/3
廻り縁	木製	配合色（アソートカラー）	N9
カーテンボックス	木製	配合色（アソートカラー）	10YR6/5

⑥ 色彩計画案をビジュアル化してプレゼンテーションをする

図面（平面図，展開図，断面図）への着彩，イメージパースの作成，色彩仕上げ表や商品カタログなどを，必要に応じて複数枚のプレゼンテーションボードにまとめ（図 10.25），住まい手の家族へプレゼンテーションを行う。プレゼンテーションの際には，

図10.25 プレゼンテーションボード（色彩計画／カラースキームと家具計画）（筆者指導学生作品）

PCを使ったCGや着彩された模型なども持参することで，より具体的な住まいのイメージがしやすくなる。

10.4.3 住まいの各室の色彩計画

1) リビング　家族が集う場所であるため，寛ぎや安らぎが得られる色彩計画とすることが大切であり，また，来客があることも考慮して，誰にでも違和感ない配色とすることが望ましい。たとえば，天井・壁・床の各面は高明度とし，カーペットや装飾品，雑貨などでアクセントをつけるなど，飽きのこない色彩の選定を行う（図10.26）。

図10.26　各室の色彩設計の例1　リビング（インテリア産業協会，2000）

2) ダイニング　ダイニングが独立型の場合と，ダイニングキッチン（DK）やリビングダイニングキッチン（LDK）のように一体型の場合があり，それぞれの型で色彩計画の傾向が異なる。独立型の場合は，ダイニングテーブルを囲んで楽しく食事ができるように，ダイニングテーブルに中心性が向かうような工夫が必要となる。たとえば，テーブルクロスを多彩色にするや，照明をダイニングテーブルの中心に向けて設置し，食べ物が新鮮に見えるように暖色系の光源を使用する（図10.27）。また，一体型の場合は，リビング及びキッチンでの色彩計画の方針と連動するため，一体型の色彩コンセプトに合わせて選定する。

3) キッチン　キッチンは，作業台やシンク，収納などで多くの壁面が占められ，開口部なども小さくなることが多いため，全体的に高明度とし，天井・壁は，白やベージュ，アイボリーなどが望ましい。耐水性や衛生面も考慮して，汚れなどが目立たない色彩を選定するのが一般的である。ただし，キッチンを住まいの中心とするようなコンセプトの場合は，個性的な色彩計画とすることもできる（図10.28）。

4) 寝室　寝室は，プライバシーが確保され，安眠できることが求められるため，寒色系で，落ち着いたイメージでの色彩計画が一般的であるが，暖色系でも低彩度の類似色相でまとめると落ち着いたイメージになる。家具や寝具，カーテンなどでアクセントをつ

図10.27　各室の色彩設計の例2　ダイニング（インテリア産業協会，2000）

キッチン

寝室

子ども部屋

サニタリー

エントランス

図10.28　各室の色彩設計の例3（インテリア産業協会，2000）

けることもできる。

5) **子ども部屋**　子ども部屋は，子どもの成長に合わせて，子どもの趣向が変わることから，天井・壁・床の各面は，飽きのこない色彩を選定し，家具や寝具，カーテンなどで，変化をつける。たとえば，小学生以下の場合は，創造性を刺激するような配色とし，中高校生以上では，勉強などに集中できるような明るく落ち着いた配色とすることが望ましい。

6) **サニタリー**　サニタリーは，爽やかさと清潔感が求められ，キッチン同様に，耐水性や衛生面も考慮して，汚れなどが目立たない色彩を選定するのが一般的である。また，サニタリーはスペースを広く取りにくいため，高明度・低彩度とすることで広がりを感じるように配色することが望ましい。

7) **エントランス**　エントランスは，住まいの最初に入る場のため，住まいの第一印象となることから，親しみがあり，明るい印象とする。また，廊下やホールとの繋がりも考慮して，天井・壁の各面は，白系の配色とし，広く感じさせるようにする（図10.28）。

10.4.4　住まいのエクステリアの色彩計画

エクステリアの色彩計画とインテリアの色彩計画との大きな違いは，エクステリアは不特定多数の人たちの目に触れることになり，周辺環境との調和を留意する必要がある点である。

基本的には，エクステリアの基調色として，高明度で低彩度の色彩を選定し，色相は周辺環境と調和するようにする。また，変化と

しては，1階の壁と2階の壁を塗り分け，この場合は重量感覚に配慮して，1階の壁は低明度や中明度，2階の壁は高明度として安定感を与える（図10.29）。

住宅街では，高明度で低彩度の色彩を選定し，色相は周辺環境と調和するようにする（図10.30）。

周辺環境との調和は，自然が多い環境では四季の変化との調和を考え，歴史的街並みの環境では街並みに則した同一配色か類似配色を用いることが望ましい（図10.31）。

以上のように，エクステリアの色彩計画では，まず周辺環境との調和を考え，「統一」の要素でまとめることが重要である。また，地域性などの特徴ある環境では，適度な「変化」をもたらす配色を取り入れることもよい。

色彩仕上表

部 位	仕上げ材	色彩分類	色 彩
外壁（1階）	吹付タイル塗装	基調色	10YR7/2
外壁（2階）	吹付タイル塗装	配合色	5YR9/1
サッシュ	アルミ製	配合色	N7
基礎立ち上がり	コンクリート打放し	配合色	N7
屋根	平板スレート屋根材	配合色	N3
バルコニー	吹付タイル塗装	アクセント色	10YR5/2
玄関扉	塗装	アクセント色	10YR5/2

図10.29 戸建住宅のエクステリアの色彩計画（日本建築学会編，2005）

図10.30 住宅街の色彩

図10.31 歴史的街並み（川越，筆者撮影）

参考文献

1) 加藤雪枝，石原久代，中川早苗，橋本令子，寺田純子，雨宮勇，高木節子，大野庸子：新版 生活の色彩学，朝倉書店，2001
2) インテリア産業協会：インテリアと色彩―色彩の基本とカラーコーディネーション，産能大学出版部，2000
3) 住まいとインテリア研究会：図解 住まいとインテリアデザイン，彰国社，2007
4) 渡辺安人：色彩学の実践，学芸出版社，2005
5) 日本建築学会編：建築の色彩設計法，日本建築学会，2005

付表　JIS による慣用色名

(1) 日本語慣用色名

色票	慣用色名	読み方	対応する系統色名	代表的な色記号 色相	明度/彩度
	とき（鴇）色	ときいろ	明るい紫みの赤	7.0RP	7.5/8.0
	つつじ（躑躅）色	つつじいろ	あざやかな紫みの赤	7.0RP	5.0/13.0
	桜色	さくらいろ	ごくうすい紫みの赤	10.0RP	9.0/2.5
	ばら（薔薇）色	ばらいろ	あざやかな赤	1.0R	5.0/13.0
	からくれない（韓紅花）	からくれない	あざやかな赤	1.5R	5.5/13.0
	さんご（珊瑚）色	さんごいろ	明るい赤	2.5R	7.0/11.0
	紅梅色	こうばいいろ	やわらかい赤	2.5R	6.5/7.5
	桃色	ももいろ	やわらかい赤	2.5R	6.5/8.0
	紅色	べにいろ	あざやかな赤	3.0R	4.0/14.0
	紅赤	べにあか	あざやかな赤	3.5R	4.0/13.0
	えんじ（臙脂）	えんじ	強い赤	4.0R	4.0/11.0
	蘇芳	すおう	くすんだ赤	4.0R	4.0/7.0
	茜色	あかねいろ	こい赤	4.0R	3.5/11.0
	赤	あか	あざやかな赤	5.0R	4.0/14.0
	朱色	しゅいろ	あざやかな黄みの赤	6.0R	5.5/14.0
	紅樺色	べにかばいろ	暗い黄みの赤	6.0R	4.0/8.5
	紅緋	べにひ	あざやかな黄みの赤	6.8R	5.5/14.0
	鉛丹色	えんたんいろ	強い黄みの赤	7.5R	5.0/12.0
	紅海老茶	べにえびちゃ	暗い黄みの赤	7.5R	3.0/5.0
	とび（鳶）色	とびいろ	暗い黄みの赤	7.5R	3.5/5.0
	小豆色	あずきいろ	くすんだ黄みの赤	8.0R	4.5/4.5
	弁柄色	べんがらいろ	暗い黄みの赤	8.0R	3.5/7.0
	海老茶	えびちゃ	暗い黄みの赤	8.0R	3.0/4.5
	金赤	きんあか	あざやかな黄赤	9.0R	5.5/14.0
	赤茶	あかちゃ	強い黄赤	9.0R	4.5/9.0
	赤錆色	あかさびいろ	暗い黄赤	9.0R	3.5/8.5
	黄丹	おうに	つよい黄赤	10.0R	6.0/12.0
	赤橙	あかだいだい	あざやかな黄赤	10.0R	5.5/14.0
	柿色	かきいろ	強い黄赤	10.0R	5.5/12.0
	肉桂色	にっけいいろ	くすんだ黄赤	10.0R	5.5/6.0
	樺色	かばいろ	強い黄赤	10.0R	4.5/11.0
	れんが（煉瓦）色	れんがいろ	強い黄赤	10.0R	4.0/7.0
	錆色	さびいろ	暗い灰みの黄赤	10.0R	3.0/3.5
	桧皮色	ひわだいろ	暗い灰みの黄赤	1.0YR	4.3/4.0
	栗色	くりいろ	暗い灰みの黄赤	2.0YR	3.5/4.0
	黄赤	きあか	あざやかな黄赤	2.5YR	5.5/13.0
	たいしゃ（代赭）	たいしゃ	くすんだ黄赤	2.5YR	5.0/8.5

付表　JISによる慣用色名

色票	慣用色名	読み方	対応する系統色名	代表的な色記号 色相	明度/彩度
	らくだ（駱駝）色	らくだいろ	くすんだ黄赤	4.0YR	5.5/6.0
	黄茶	きちゃ	強い黄赤	4.0YR	5.0/9.0
	肌色	はだいろ	うすい黄赤	5.0YR	8.0/5.0
	橙色	だいだいいろ	鮮やかな黄赤	5.0YR	6.5/13.0
	灰茶	はいちゃ	暗い灰みの黄赤	5.0YR	4.5/3.0
	茶色	ちゃいろ	暗い灰みの黄赤	5.0YR	3.5/4.0
	焦茶	こげちゃ	暗い灰みの黄赤	5.0YR	3.0/2.0
	こうじ（柑子）色	こうじいろ	明るい黄赤	5.5YR	7.5/9.0
	杏色	あんずいろ	やわらかい黄赤	6.0YR	7.0/6.0
	蜜柑色	みかんいろ	あざやかな黄赤	6.0YR	6.5/13.0
	褐色	かっしょく	暗い黄赤	6.0YR	3.0/7.0
	土色	つちいろ	くすんだ赤みの黄	7.5YR	5.0/7.0
	小麦色	こむぎいろ	やわらかい赤みの黄	8.0YR	7.0/6.0
	こはく（琥珀）色	こはくいろ	くすんだ赤みの黄	8.0YR	5.5/6.5
	金茶	きんちゃ	こい赤みの黄	9.0YR	5.5/10.0
	卵色	たまごいろ	明るい赤みの黄	10.0YR	8.0/7.5
	山吹色	やまぶきいろ	あざやかな赤みの黄	10.0YR	7.5/13.0
	黄土色	おうどいろ	くすんだ赤みの黄	10.0YR	6.0/7.5
	朽葉色	くちばいろ	灰みの赤みを帯びた黄	10.0YR	5.0/2.0
	ひまわり（向日葵）色	ひまわりいろ	あざやかな黄	2.0Y	8.0/14.0
	うこん（鬱金）色	うこんいろ	強い黄	2.0Y	7.5/12.0
	砂色	すないろ	明るい灰みの黄	2.5Y	7.5/2.0
	芥子色	からしいろ	やわらかい黄	3.0Y	7.0/6.0
	黄色	きいろ	あざやかな黄	5.0Y	8.0/14.0
	たんぽぽ（蒲公英）色	たんぽぽいろ	あざやかな黄	5.0Y	8.0/14.0
	鶯茶	うぐいすちゃ	暗い灰みの黄	5.0Y	4.0/3.5
	中黄	ちゅうき	明るい緑みの黄	7.0Y	8.5/11.0
	刈安色	かりやすいろ	うすい緑みの黄	7.0Y	8.5/7.0
	きはだ（黄檗）色	きはだいろ	明るい黄緑	9.0Y	8.0/8.0
	みる（海松）色	みるいろ	暗い灰みの黄緑	9.5Y	4.5/2.5
	ひわ（鶸）色	ひわいろ	暗い黄緑	1.0GY	7.5/8.0
	鶯色	うぐいすいろ	くすんだ黄緑	1.0GY	4.5/3.5
	抹茶色	まっちゃいろ	やわらかい黄緑	2.0GY	7.5/4.0
	黄緑	きみどり	あざやかな黄緑	2.5GY	7.5/11.0
	苔色	こけいろ	くすんだ黄緑	2.5GY	5.0/5.0
	若草色	わかくさいろ	あざやかな黄緑	3.0GY	7.0/10.0
	萌黄	もえぎ	強い黄緑	4.0GY	6.5/9.0
	草色	くさいろ	くすんだ黄緑	5.0GY	5.0/5.0
	若葉色	わかばいろ	やわらかい黄緑	7.5GY	7.5/4.5

付表　JISによる慣用色名

色票	慣用色名	読み方	対応する系統色名	代表的な色記号 色相	明度/彩度
	松葉色	まつばいろ	くすんだ黄緑	7.5GY	5.0/4.0
	白緑	びゃくろく	ごくうすい緑	2.5G	8.5/2.5
	緑	みどり	明るい緑	2.5G	6.5/10.0
	常盤色	ときわいろ	こい緑	3.0G	4.5/7.0
	緑青色	ろくしょういろ	くすんだ緑	4.0G	5.0/4.0
	千歳緑	ちとせみどり	暗い灰みの緑	4.0G	4.0/3.5
	深緑	ふかみどり	こい緑	5.0G	3.0/7.0
	もえぎ（萌葱）色	もえぎいろ	暗い緑	5.5G	3.0/5.0
	若竹色	わかたけいろ	強い緑	6.0G	6.0/7.5
	青磁色	せいじいろ	やわらかい青みの緑	7.5G	6.5/4.0
	青竹色	あおたけいろ	やわらかい青緑	2.5BG	6.5/4.0
	鉄色	てついろ	ごく暗い青緑	2.5BG	2.5/2.5
	青緑	あおみどり	あざやかな青緑	7.5BG	5.0/12.0
	錆浅葱	さびあさぎ	灰みの青緑	10.0BG	5.5/3.0
	水浅葱	みずあさぎ	やわらかい青緑	1.5B	6.0/3.0
	新橋色	しんばしいろ	明るい緑みの青	2.5B	6.5/5.5
	浅葱色	あさぎいろ	あざやかな緑みの青	2.5B	5.0/8.0
	白群	びゃくぐん	やわらかい緑みの青	3.0B	7.0/4.5
	納戸色	なんどいろ	強い緑みの青	4.0B	4.0/6.0
	かめのぞき（甕覗き）	かめのぞき	やわらかい緑みの青	4.5B	7.0/4.0
	水色	みずいろ	うすい緑みの青	6.0B	8.0/4.0
	藍鼠	あいねず	暗い灰みの青	7.5B	4.5/2.5
	空色	そらいろ	明るい青	9.0B	7.5/5.5
	青	あお	あざやかな青	10.0B	4.0/14.0
	藍色	あいいろ	暗い青	2.0PB	3.0/5.0
	濃藍	こいあい	ごく暗い青	2.0PB	2.0/3.5
	勿忘草色	わすれなぐさいろ	明るい青	3.0PB	7.0/6.0
	露草色	つゆくさいろ	あざやかな青	3.0PB	5.0/11.0
	はなだ（縹）色	はなだいろ	強い青	3.0PB	4.0/7.5
	紺青	こんじょう	暗い紫みの青	5.0PB	3.0/4.0
	るり（瑠璃）色	るりいろ	こい紫みの青	6.0PB	3.5/11.0
	るり（瑠璃）紺	るりこん	こい紫みの青	6.0PB	3.0/8.0
	紺色	こんいろ	暗い紫みの青	6.0PB	2.5/4.0
	かきつばた（杜若）色	かきつばたいろ	あざやかな紫みの青	7.0PB	4.0/10.0
	勝色	かちいろ	暗い紫みの青	7.0PB	2.5/3.0
	群青色	ぐんじょういろ	こい紫みの青	7.5PB	3.5/11.0
	鉄紺	てつこん	ごく暗い紫みの青	7.5PB	1.5/2.0
	藤納戸	ふじなんど	強い青紫	9.0PB	4.5/7.5
	ききょう（桔梗）色	ききょういろ	こい青紫	9.0PB	3.5/13.0

付表　JIS による慣用色名

色票	慣用色名	読み方	対応する系統色名	代表的な色記号 色相	明度/彩度
	紺藍	こんあい	こい青紫	9.0PB	2.5/9.5
	藤色	ふじいろ	明るい青紫	10.0PB	6.5/6.5
	藤紫	ふじむらさき	明るい青紫	0.5P	6.0/9.0
	青紫	あおむらさき	あざやかな青紫	2.5P	4.0/14.0
	菫色	すみれいろ	あざやかな青紫	2.5P	4.0/11.0
	鳩羽色	はとばいろ	くすんだ青紫	2.5P	4.0/3.5
	しょうぶ（菖蒲）色	しょうぶいろ	あざやかな青みの紫	3.0P	4.0/11.0
	江戸紫	えどむらさき	こい青みの紫	3.0P	3.5/7.0
	紫	むらさき	あざやかな紫	7.5P	5.0/12.0
	古代紫	こだいむらさき	くすんだ紫	7.5P	4.0/6.0
	なす（茄子）紺	なすこん	ごく暗い紫	7.5P	2.5/2.5
	紫紺	しこん	暗い紫	8.0P	2.0/4.0
	あやめ（菖蒲）色	あやめいろ	明るい赤みの紫	10.0P	6.0/10.0
	牡丹色	ぼたんいろ	あざやかな赤紫	3.0RP	5.0/14.0
	赤紫	あかむらさき	あざやかな赤紫	5.0RP	5.5/13.0
	白	しろ	白	N9.5	
	胡粉色	ごふんいろ	黄みの白	2.5Y	9.2/0.5
	生成り色	きなりいろ	赤みを帯びた黄みの白	10.0YR	9.0/1.0
	象牙色	ぞうげいろ	黄みのうすい灰色	2.5Y	8.5/1.5
	銀鼠	ぎんねず	明るい灰色	N6.5	
	茶鼠	ちゃねずみ	黄赤みの灰色	5.0YR	6.0/1.0
	鼠色	ねずみいろ	灰色	N5.5	
	利休鼠	りきゅうねずみ	緑の灰色	2.5G	5.0/1.0
	鉛色	なまりいろ	青の灰色	2.5PB	5.0/1.0
	灰色	はいいろ	灰色	N5.0	
	すす（煤）竹色	すすたけいろ	赤みを帯びた黄みの暗い灰色	9.5YR	3.5/1.5
	黒茶	くろちゃ	黄赤みの黒	2.5YR	2.0/1.5
	墨	すみ	黒	N2.0	
	黒	くろ	黒	N1.5	
	鉄黒	てつぐろ	黒	N1.5	
	金色	きんいろ			
	銀色	ぎんいろ			

(2) 英語慣用色名

色票	慣用色名	英語表記	対応する系統色名	代表的な色記号 色相	明度/彩度
	ローズレッド	rose red	あざやかな紫みの赤	7.5RP	5.0/12.0
	ローズピンク	rose pink	明るい紫みの赤	10.0RP	7.0/8.0
	コチニールレッド	cochineal red	あざやかな紫みの赤	10.0RP	4.0/12.0
	ルビーレッド	ruby red	あざやかな紫みの赤	10.0RP	4.0/14.0

付表　JIS による慣用色名

色票	慣用色名	英語表記	対応する系統色名	代表的な色記号 色相	明度/彩度
	ワインレッド	wine red	こい紫みの赤	10.0RP	3.0/9.0
	バーガンディー	burgundy	ごく暗い紫みの赤	10.0RP	2.0/2.5
	オールドローズ	old rose	やわらかい赤	1.0R	6.0/6.5
	ローズ	rose	あざやかな赤	1.0R	5.0/14.0
	ストロベリー	strawberry	あざやかな赤	1.0R	4.0/14.0
	コーラルレッド	coral red	明るい赤	2.5R	7.0/11.0
	ピンク	pink	やわらかい赤	2.5R	7.0/7.0
	ボルドー	bordeaux	ごく暗い赤	2.5R	2.5/3.0
	ベビーピンク	baby pink	うすい赤	4.0R	8.5/4.0
	ポピーレッド	poppy red	あざやかな赤	4.0R	5.0/14.0
	シグナルレッド	signal red	あざやかな赤	4.0R	4.5/14.0
	カーマイン	carmine	あざやかな赤	4.0R	4.0/14.0
	レッド	red	あざやかな赤	5.0R	5.0/14.0
	トマトレッド	tomato red	あざやかな赤	5.0R	5.0/14.0
	マルーン	maroon	暗い赤	5.0R	2.5/6.0
	バーミリオン	vermilion	あざやかな黄みの赤	6.0R	5.5/14.0
	スカーレット	scarlet	あざやかな黄みの赤	7.0R	5.0/14.0
	テラコッタ	terracotta	くすんだ黄みの赤	7.5R	4.5/8.0
	サーモンピンク	salmon pink	やわらかい黄みの赤	8.0R	7.5/7.5
	シェルピンク	shell pink	ごくうすい黄赤	10.0R	8.5/3.5
	ネールピンク	nail pink	うすい黄赤	10.0R	8.0/4.0
	チャイニーズレッド	Chinese red	あざやかな黄赤	10.0R	6.0/15.0
	キャロットオレンジ	carrot orange	強い黄赤	10.0R	5.0/11.0
	バーントシェンナ	burnt sienna	くすんだ黄赤	10.0R	4.5/7.5
	チョコレート	chocolate	ごく暗い黄赤	10.0R	2.5/2.5
	ココアブラウン	cocoa brown	暗い灰みの黄赤	2.0YR	3.5/4.0
	ピーチ	peach	明るい灰みの黄赤	3.0YR	8.0/3.5
	ローシェンナ	raw sienna	強い黄赤	4.0YR	5.0/9.0
	オレンジ	orange	あざやかな黄赤	5.0YR	6.5/13.0
	ブラウン	brown	暗い灰みの黄赤	5.0YR	3.5/4.0
	アプリコット	apricot	やわらかい黄赤	6.0YR	7.0/6.0
	タン	tan	くすんだ黄赤	6.0YR	5.0/6.0
	マンダリンオレンジ	mandarin orange	強い赤みの黄	7.0YR	7.0/11.5
	コルク	cork	くすんだ赤みの黄	7.0YR	5.5/4.0
	エクルベイジュ	ecru beige	うすい赤みの黄	7.5YR	8.5/4.0
	ゴールデンイエロー	golden yellow	強い赤みの黄	7.5YR	7.0/10.0
	マリーゴールド	marigold	あざやかな赤みの黄	8.0YR	7.5/13.0
	バフ	buff	やわらかい赤みの黄	8.0YR	5.5/6.5
	ブロンズ	bronze	暗い赤みの黄	8.5YR	4.0/5.0

付表 JIS による慣用色名

色票	慣用色名	英語表記	対応する系統色名	代表的な色記号 色相	明度/彩度
	ベージュ	beige	明るい灰みの赤みを帯びた黄	10.0YR	7.0/2.5
	イエローオーカー	yellow ocher	こい赤みの黄	10.0YR	6.0/7.5
	バーントアンバー	burnt umber	ごく暗い赤みの黄	10.0YR	3.0/3.0
	セピア	sepia	ごく暗い赤みの黄	10.0YR	2.5/2.0
	カーキー	khaki	くすんだ赤みの黄	1.0Y	5.0/5.5
	ブロンド	blond	やわらかい黄	2.0Y	7.5/7.0
	ネープルスイエロー	Naples yellow	強い黄	2.5Y	8.0/7.5
	レグホーン	leghorn	やわらかい黄	2.5Y	8.0/4.0
	ローアンバー	raw umber	暗い黄	2.5Y	4.0/6.0
	クロムイエロー	chrome yellow	明るい黄	3.0Y	8.0/12.0
	イエロー	yellow	あざやかな黄	5.0Y	8.5/14.0
	クリームイエロー	cream yellow	ごくうすい黄	5.0Y	8.5/3.5
	ジョンブリアン	jaune brilliant	あざやかな黄	5.0Y	8.5/14.0
	カナリア	canary yellow	明るい緑みの黄	7.0Y	8.5/10.0
	オリーブドラブ	olive drab	暗い灰みの緑みを帯びた黄	7.5Y	4.0/2.0
	オリーブ	olive	暗い緑みの黄	7.5Y	3.5/4.0
	レモンイエロー	lemon yellow	あざやかな緑みの黄	8.0Y	8.0/12.0
	オリーブグリーン	olive green	暗い灰みの黄緑	2.5GY	3.5/3.0
	シャトルーズグリーン	chartreuse green	明るい黄緑	4.0GY	8.0/10.0
	リーフグリーン	leaf green	強い黄緑	5.0GY	6.0/7.0
	グラスグリーン	grass green	くすんだ黄緑	5.0GY	5.0/5.0
	シーグリーン	sea green	強い黄緑	6.0GY	7.0/8.0
	アイビーグリーン	ivy green	暗い黄緑	7.5GY	4.0/5.0
	アップルグリーン	apple green	やわらかい黄みの緑	10.0GY	8.0/5.0
	ミントグリーン	mint green	明るい緑	2.5G	7.7/8.0
	グリーン	green	あざやかな緑	2.5G	5.5/10.0
	コバルトグリーン	cobalt green	明るい緑	4.0G	7.0/9.0
	エメラルドグリーン	emerald green	強い緑	4.0G	6.0/8.0
	マラカイトグリーン	malachite green	こい緑	4.0G	4.5/9.0
	ボトルグリーン	bottle green	ごく暗い緑	5.0G	2.5/3.0
	フォレストグリーン	forest green	くすんだ青みの緑	7.5G	4.5/5.0
	ビリジアン	viridian	くすんだ青みの緑	8.0G	4.0/6.0
	ビリヤードグリーン	billiard green	暗い青みの緑	10.0G	2.5/5.0
	ピーコックグリーン	peacock green	あざやかな青緑	7.5BG	4.5/9.0
	ナイルブルー	Nile blue	くすんだ青緑	10.0BG	5.5/5.0
	ピーコックブルー	peacock blue	こい青緑	10.0BG	4.0/8.5
	ターコイズブルー	turquoise blue	明るい緑みの青	5.0B	6.0/8.0
	マリンブルー	marine blue	こい緑みの青	5.0B	3.0/7.0
	ホリゾンブルー	horizon blue	やわらかい青	7.5B	7.0/4.0

付表　JISによる慣用色名

色票	慣用色名	英語表記	対応する系統色名	代表的な色記号 色相	明度/彩度
	シアン	cyan	明るい青	7.5B	6.0/10.0
	スカイブルー	sky blue	明るい青	9.0B	7.5/5.5
	セルリアンブルー	cerulean blue	あざやかな青	9.0B	4.5/9.0
	ベビーブルー	baby blue	明るい灰みの青	10.0B	7.5/3.0
	サックスブルー	saxe blue	くすんだ青	1.0PB	5.0/4.5
	ブルー	blue	あざやかな青	2.5PB	4.5/10.0
	コバルトブルー	cobalt blue	あざやかな青	3.0PB	4.0/10.0
	アイアンブルー	iron blue	暗い紫みの青	5.0PB	3.0/4.0
	プルシャンブルー	Prussian blue	暗い紫みの青	5.0PB	3.0/4.0
	ミッドナイトブルー	midnight blue	ごく暗い紫みの青	5.0PB	1.5/2.0
	ヒヤシンス	hyacinth	くすんだ紫みの青	5.5PB	5.5/6.0
	ネービーブルー	navy blue	暗い紫みの青	6.0PB	2.5/4.0
	ウルトラマリンブルー	ultramarine blue	こい紫みの青	7.5PB	3.5/11.0
	オリエンタルブルー	oriental blue	こい紫みの青	7.5PB	3.0/10.0
	ウイスタリア	wisteria	あざやかな青紫	10.0PB	5.0/12.0
	パンジー	pansy	こい青紫	1.0P	2.5/10.0
	ヘリオトロープ	heliotrope	あざやかな青紫	2.0P	5.0/10.5
	バイオレット	violet	あざやかな青紫	2.5P	4.0/11.0
	ラベンダー	lavender	灰みの青みを帯びた紫	5.0P	6.0/3.0
	モーブ	mauve	強い青みの紫	5.0P	4.5/9.0
	ライラック	lilac	やわらかい紫	6.0P	7.0/6.0
	オーキッド	orchid	やわらかい紫	7.5P	7.0/6.0
	パープル	purple	あざやかな紫	7.5P	5.0/12.0
	マゼンタ	magenta	あざやかな赤紫	5.0RP	5.0/14.0
	チェリーピンク	cherry pink	あざやかな赤紫	6.0RP	5.5/11.5
	ホワイト	white	白	N9.5	
	スノーホワイト	snow white	白	N9.5	
	アイボリー	ivory	黄みのうすい灰色	2.5Y	8.5/1.5
	スカイグレイ	sky grey	青みの明るい灰色	7.5B	7.5/0.5
	パールグレイ	pearl grey	明るい灰色	N7.0	
	シルバーグレイ	silver grey	明るい灰色	N6.5	
	アッシュグレイ	ash grey	灰色	N6.0	
	ローズグレイ	rose grey	赤みの灰色	2.5R	5.5/1.0
	グレイ	grey	灰色	N5.0	
	スチールグレイ	steel grey	紫みの灰色	5.0P	4.5/1.0
	スレートグレイ	slate grey	暗い灰色	2.5PB	3.5/0.5
	チャコールグレイ	charcoal grey	紫みの暗い灰色	5.0P	3.0/1.0
	ランプブラック	lamp black	黒	N1.0	
	ブラック	black	黒	N1.0	

索　引

欧　文

CIE　8
CIE 1964（U*,V*,W*）色空間　45
CIE 1976（L*,a*,b*）色空間　45
CIE 1976（L*,u*,v*）色空間　45
CIE 昼光　24

HIDランプ　9
HUE & TONE システム　54

JAFCA　87, 91
JIS　31

LED　9
L*u*v* 表色系　45

NCS　51
NCS 表色系　40

PCCS　37, 48

RGB 等色関数　43

UCS　45
u'v' 色度図　45

XYZ 等色関数　43
XYZ 表色系　42
xy 色度図　44

Yxy 表色系　44

あ　行

曖昧　49
明るさ　8
アクセントカラー　104
アースカラー　88
アソートカラー　89, 92, 104
アメリカンルック　88
アール・デコ　86
アール・ヌーボー　86
暗順応　66
暗所視　15, 22
暗清色　38
アンダートーン　99

色温度　9
色樹脂　80
色順応　67
色の感情効果　69
色の恒常性　68

色の三属性　30
色の表示方法　30
色名　30
色立体　31
印刷インキ　79
陰性残像　65
インターカラー　87, 91
インテリアイメージ　104

暈繝彩色法　83

エクステリア　108
エコロジーカラー　89
演色性　11
演色評価数　12
エントランス　108
縁辺対比　64

凹版印刷　79
黄斑部　15
大きさ感　95
オストワルトの色彩調和論　50
オストワルト表色系　39
オメガ空間　49
温度感　95

か　行

海外の色彩文化　85
開口色　3
快適曲線　13
襲の色目　83
可視光線　6
可読性　63
加法混色　23
カマイユ配色　54
カラーイメージスケール　60
カラーオーダーシステム　30
カラースキーム　106
カラーハーモニーマニュアル　51
カラーマスターバッチ　80
カラーユニバーサルデザイン　20
カラーリンケージ　59
カロチン　97
冠位十二階　83
眼球　14
環境色　90
桿状体　14
寒色　70
完全放射体　9
完全放射体軌跡　9
慣用色　90
慣用色名　33, 34

顔料　78
記憶色　68
基準光源　12
基準の光　12
北窓昼光　26
キッチン　107
輝度　8
吸収　7
きわだち　56
禁色　83
均等色空間　45

空間色　3
グラデーション　57
クロマティクネス指数　46

蛍光　28
蛍光ランプ　9
継時混色　23
継時対比　65
系統色名　31, 34
ゲーテ　86
顕色系　30, 35
減法混色　23

光源　9
光源色　3, 9
　　――の色名　34
光滲現象　71
合成染料　77
光束　8
後退色　70
光電色彩計　29
光度　8
硬軟感　71
孔版印刷　79
五行思想　83
国際照明委員会　8
国際流行色委員会　87
黒色量　51
子ども部屋　108
固有色名　33
混色系　30, 42
コンプレックスハーモニー　51

さ　行

サイケデリックカラー　88
彩度　31
彩度対比　64
サニタリー　108
寂　84

三刺激値　26, 28, 42
散瞳　14

視覚機能　18
視環境の快適性　10
視感測定法　25
視感比較法　25
色陰現象　65
色覚　16
色覚異常　19
色差　44
色彩計画　103, 107, 108
色彩仕上げ表　105
色彩調和論　49-52
色相　30
　　――の自然連鎖　51
　　――の調和　93
色相対比　64
色相配色　56
色度　43
色度座標　43
識別性　62
刺激純度　44
刺激値直読方法　28
嗜好色　72, 90
視細胞　14
視作業性　10
四十八茶百鼠　85
時代イメージ色　91
視認距離　63
視認性　63
奢侈禁止令　84
ジャッドの色彩調和論　52
シャーベットトーン　88
収縮　63
収縮色　70
重量感　71
主観色　69
縮瞳　14
主波長　44
純色量　51
順応　66
純紫軌跡　44
象徴　82
照度　8, 26
照明　11
　　――の要件　10
照明器具　13
常用光源　24
食卓と色　101
食品用着色剤　80
植物染料　76
食器と色　100
自律神経　101
試料光源　12
シーリングライト　13
親近性の原理　52
寝室　107
進出色　70
心理物理量　8

心理量　8

水晶体　14
錐状体　14
スタンド　13
スペクトル　7
スペクトル軌跡　44
住まいの色彩計画　103

清色　38, 59
セパレーション　57
先天色覚異常　19
漸変　57
染料　76

相関色温度　9
騒色　4
相対分光放射強度　24
測光標準観測者　22
測光量　8

た 行

ダイアード　52
対象光源　12
対照色相配色　48
ダイニング　107
対比　63
太陽光　7
ダウンライト　13
濁色　38, 59
食べ物と色　99
段階説　17
暖色　70
単色光　7
単色光波長　44
短波長　7

知覚的等歩度性　49
秩序の原理　52
中間混色　23
中間色　38
中差色相配色　48
中心窩　14
中波長　7
長波長　7
調和配色　49

テトラード　52
点光源　8
電磁波　6
伝統色名　33
天然染料　76

同一色相配色　48
同化　65
透過　7
透過光　7
等価値色系列　40, 51
透過物体　7

瞳孔　14
等黒系列　40, 51
等色相三角形　50
同時対比　64
等純系列　40, 51
等色　25
等色関数　28
等白系列　40, 51
動物染料　76
凸版印刷　79
ドミナントカラー配色　54
ドミナントトーン配色　54
トライアド　52
ドライカラー　80
トリコロール配色　49
塗料　79
トーン　37, 48
　　――の調和　94
トーンイントーン配色　54
トーンオントーン配色　54
トーン配色　49, 56

な 行

ナチュラルカラー　88
ナチュラルカラーシステム　51
ナチュラルハーモニー　51

日本建築学会環境基準　11
日本色研配色体系　37, 48
日本の色彩文化　83
日本流行色協会　87, 91
入射光　7
ニュートン　86

年齢感　95

は 行

白色光　7
白色点　44
白色量　51
白内障　18
白熱電球　9
パーソナルカラー　99
肌の色　97
波長　6
バック・トゥ・カラー　89
派手さ感　95
反射　7
反射光　7
反射物体　7
パントンカラー　41

光の単位　8
ピーコック革命　88
ビコロール配色　49
ビタミンカラー　88
美的係数　50
美度　50

標準イルミナント　24
標準光源　24
表色系　30
表面色　3

ファッションの色彩　93
風土色　90
フォカマイユ配色　54
不調和配色　49
物体色　3
　　——の色名　31
物体の色　7
物理量　8
プラスチック用着色材　80
プリズム　7
プルキンエ現象　67
プロセスカラー　79
分光　7
分光光度計　26
分光視感効率　8, 22
分光測色方法　26
分光透過率　7
分光反射率　7, 27
分光分布　7

並置混色　23
平版印刷　79
ヘクサード　52
ベースカラー　92, 104
ペーストカラー　80
ベゾルト-ブリュッケ現象　68
ヘモグロビン　97
ヘリングの反対色説　16, 37
ペンタード　52
ペンダント　13
ベンハムのコマ　69

放射エネルギー　6, 8
放射束　8
膨張色　70
補色残像　65
補色色相配色　48
補色主波長　44
補色対比　64
補助標準イルミナント　24

ま 行

マスク　26
マックアダム, D.　45
マックアダム楕円　45
まとまり　55
マンセル記号　34
マンセル表色系　36

見慣れの原理　51

無機顔料　78
無彩色　30
　　——の基本色名　31
ムーン-スペンサーの色彩調和論　49

明視性　63
明順応　67
明所視　15, 22
明清色　38
明度　30
明度対比　64
明白性の原理　53
メラニン　97
面色　3
面積対比　65

盲点　14

網膜　14
モーニングスターブルー　88
モノトーンブーム　88

や 行

ヤング-ヘルムホルツの三色説　16

有機顔料　78
有彩色　30
　　——の基本色名　31
誘目性　64

陽性残像　65

ら 行

リキッドカラー　80
立体角　8
リビング　107
流行色　87, 91, 96
隣接色相配色　48
類似色相配色　48
類似性の原理　53
ルータ条件　28
ルードの色彩調和論　51

連想　82

老視　18
ロジャース　87

わ 行

侘び　84

生活の色彩学
―快適な暮らしを求めて―

| 2019 年 6 月 1 日 | 初版第 1 刷 |
| 2025 年 1 月 25 日 | 第 4 刷 |

定価はカバーに表示

編著者　橋　本　令　子
　　　　石　原　久　代
発行者　朝　倉　誠　造
発行所　株式会社　朝倉書店
　　　　東京都新宿区新小川町 6-29
　　　　郵便番号　162-8707
　　　　電　話　03(3260)0141
　　　　F A X　03(3260)0180
　　　　https://www.asakura.co.jp

〈検印省略〉

© 2019 〈無断複写・転載を禁ず〉

Printed in Korea

ISBN 978-4-254-60024-7　C 3077

JCOPY 〈出版者著作権管理機構　委託出版物〉

本書の無断複写は著作権法上での例外を除き禁じられています．複写される場合は，そのつど事前に，出版者著作権管理機構（電話 03-5244-5088, FAX 03-5244-5089, e-mail: info@jcopy.or.jp）の許諾を得てください．

立命館大 北岡明佳著

錯　視　入　門

10226-0　C3040　　　　B５変判　248頁　本体3500円

錯視研究の第一人者が書き下ろす最適の入門書。オリジナル図版を満載し，読者を不可思議な世界へ誘う。〔内容〕幾何学的錯視／明るさの錯視／色の錯視／動く錯視／視覚的補完／消える錯視／立体視と空間視／隠し絵／顔の錯視／錯視の分類

前東大 大津元一監修
テクノ・シナジー 田所利康・東工大 石川　謙著

イラストレイテッド　光の科学

13113-0　C3042　　　　B５判　128頁　本体3000円

豊富なカラー写真とカラーイラストを通して，教科書だけでは伝わらない光学の基礎とその魅力を紹介。〔内容〕波としての光の性質／ガラスの中で光は何をしているのか／光の振る舞いを調べる／なぜヒマワリは黄色く見えるのか

前東大 大津元一監修　テクノ・シナジー 田所利康著

イラストレイテッド　光の実験

13120-8　C3042　　　　B５判　128頁　本体2800円

回折，反射，干渉など光学現象の面白さ・美しさを実感できる実験，観察対象などを紹介。実践できるように実験・撮影条件，コツも記載。オールカラー〔内容〕撮影方法／光の可視化／色／虹・逃げ水／スペクトル／色彩／ミクロ／物作り／他

日本デザイン学会環境デザイン部会著

つなぐ 環境デザインがわかる

10255-0　C3040　　　　B５変判　164頁　本体2800円

デザインと工学を「つなぐ」新しい教科書〔内容〕人でつなぐデザイン（こころ・感覚・行為）／モノ（要素・様相・価値）／場（風土・景色・内外）／時（継承・季節・時間）／コト（物語・情報・価値）／つなぎ方（取組み方・考え方・行い方）

日本家政学会生活経営学部会編

暮らしをつくりかえる　生活経営力

60020-9　C3077　　　　Ａ５判　184頁　本体2800円

「生活経営」によっていかに社会問題を解決できるかを，事例を通しつつ今後のあり方を提言。〔目次〕生活枠組みの変容と新たな生活経営主体の形成／生活の社会化の進展と生活資源のコントロール／参加と協働で創る生活経営の組織／他

北村薫子・牧野　唯・梶木典子・斎藤功子・宮川博恵・藤居由香・大谷由紀子・中村久美著

住まいのデザイン

63005-3　C3077　　　　B５判　120頁　本体2300円

住居学，住生活学，住環境学，インテリア計画など住居系学科で扱う範囲を概説。〔内容〕環境／ライフスタイル／地域生活／災害／住まいの形／集合住宅／人間工学／福祉／設計と表現／住生活の管理／安全と健康／快適性／色彩計画／材料

佐々井啓・篠原聡子・飯田文子編著
シリーズ〈生活科学〉

生　活　文　化　論
（訂正版）

60591-4　C3377　　　　Ａ５判　192頁　本体2800円

生活に根ざした文化を，時代ごとに衣食住の各視点から事例を中心に記述した新しいテキスト。〔内容〕生活文化とは／民族／貴族の生活（平安）／武家（室町・安土桃山）／市民（江戸）／ヨーロッパ／アメリカ／明治／大正／昭和／21世紀／他

前日本女大 島崎恒蔵・前日本女大 佐々井啓編
シリーズ〈生活科学〉

衣　　服　　学

60596-9　C3377　　　　Ａ５判　192頁　本体2900円

被服学を学ぶ学生に必要な科学的な基礎知識と実際的な生活上での衣服について，簡潔にわかりやすく解説した最新の教科書。〔内容〕衣服の起源と役割／衣服の素材／衣服のデザイン・構成／人体と着装／衣服の取り扱い／衣服の消費と環境

前日本女大 佐々井啓編著
シリーズ〈生活科学〉

ファッションの歴史
―西洋服飾史―

60598-3　C3377　　　　Ａ５判　196頁　本体2800円

古代から現代まで西洋服飾の変遷を簡潔に解説する好評の旧版の後継書。現代の内容も充実。背景の文化にも目を向け，絵画・文学・歴史地図等も紹介。〔内容〕古代／東ローマ／ルネッサンス／宮廷／革命／市民／多様化／19世紀／20世紀／他

日本女大 後藤　久・日本女大 沖田富美子編著
シリーズ〈生活科学〉

住　　居　　学

60606-5　C3377　　　　Ａ５判　200頁　本体2800円

住居学を学ぶにあたり，全体を幅広く理解するためのわかりやすい教科書。〔内容〕住居の歴史／生活と住居（住生活・経済・管理・防災と安全）／計画と設計（意匠）／環境と設備／構造安全／福祉環境（住宅問題・高齢社会・まちづくり）／他

冨田明美編著　青山喜久子・石原久代・高橋知子・原田妙子・森　由紀・千葉桂子・土肥麻佐子著
生活科学テキストシリーズ

新版 アパレル構成学

60631-7　C3377　　　　B５判　136頁　本体2800円

被服構成の基礎知識に最新の情報を加え，具体的事例と豊富な図表でわかりやすく解説したテキスト。〔内容〕機能と型式の推移／着衣する人体（計測）／着装の意義／アパレルデザイン／素材と造形性能／設計／生産／選択と購入／他

前日本女大 佐々井啓・日本女大 大塚美智子編著
生活科学テキストシリーズ

衣　生　活　学

60633-1　C3377　　　　B５判　152頁　本体2700円

生活と密接に関連する「衣」を歴史・科学・美術・経済など多様な面から解説した，大学・短大生向け概説書。〔内容〕衣服と生活／衣生活の変遷／民族と衣生活／衣服の設計と製作／ライフスタイルと衣服／衣服の取り扱い

上記価格（税別）は 2024 年12月現在